Männerhasserbuch

Die Autorinnen

Suse Kochan, 1942 in der CSSR geboren, Studium der Hauswirtschaft und politischen Ökonomie. 1968 Übersiedlung in die Schweiz. Ständige Mitarbeiterin bei PARDON bis 1980, danach freischaffende Zeichnerin und Cartoonistin.

Nena Golluch, 1949 in Hiltrup/Münster geboren. Studium der Kunstpädagogik, Lehrerin bis 1979, danach Redakteurin und Autorin bei PARDON, seit 1981 in Köln als Verlagslektorin (Kinder- und Jugendbuch) und Autorin (Humor, Satire).

Nena Golluch
Suse Kochan

Das fröhliche Männerhasserbuch

Eichborn Verlag

CIP-Titelaufnahme der Deutschen Bibliothek

Golluch, Nena:
Das fröhliche Männerhasserbuch / Nena Golluch; Suse Kochan.
– Einmalige Taschenbuchausg. – Frankfurt am Main: Eichborn,
1991
ISBN 3-8218-3508-7
NE: Kochan, Suse [Ill.]

 Erstausgabe 1986, Taschenbuchausgabe
Januar 1991. Die bereits erschienene Erstausgabe ist weiterhin
lieferbar.
Umschlaggestaltung: Uwe Gruhle unter Verwendung eines
Originales von Stano Kochan. Gesamtherstellung: Elsnerdruck.
ISBN 3-8218-3508-7. Verlagsverzeichnis schickt gern:
Eichborn Verlag, Hanauer Landstraße 175, 6000 Frankfurt 1

Inhalt

Vorwort 7

Männer – gestern und heute 9
Der Mann und die Urhorde 9
Der Verein 10
Die Firma 13
Die Partei 14
Der Staat 15

Was Frauen an Männern hassen 16

Das Wesen des Mannes 18
Männer sind langweilig 18
Männer sind geizig 19
Männer sind unhöflich 20
Männer sind aufdringlich 21
Männer sind unaufmerksam 21
Männer sind egozentrisch 22
Männer sind dumm 23
Männer sind häßlich 24
Männer sind geschmacklos 25
Männer fackeln nicht lange 26
Immer feste druff – der männliche Kampftrieb 27
Männer sind größenwahnsinnig 28
Männer funktionieren 30
Männer haben 'ne Macke 31
Männer in Fahrt – Balzrituale 33
Männer wollen immer nur das eine 36
... oder das andere 36

Der Mann und sein Auto ... 38
Männer sind überflüssig ... 41

Männertypen zum Hassen ... 42
Männer in der Familie ... 47

Schutzmaßnahmen gegen Männer ... 49
Wie ein Herrenabend ins Wasser fällt ... 50
Sportschau-Horror – und wie man ihn vermeidet ... 53
Wie Frauen sich richtige Männer vom Halse halten ... 55
Mein Mann ist Preisboxer! ... 57
Mein Mann ist Polizist! ... 57
Mein Mann ist bei der Steuerfahndung! ... 57
Treiben Sie es schrill! ... 58
Machen Sie auf mondän! ... 59
Machen Sie auf unscheinbar! ... 60
Werden Sie aktiv in der Frauenbewegung! ... 61
Treiben Sie es arg! ... 61

Die besten Methoden, Männer loszuwerden ... 62
Stürzen Sie ihn in eine Affäre! ... 62
Das Kaffeekränzchen ... 64
Brennen Sie mit einem Liebhaber durch! ... 65
Stecken Sie ihm ein Ziel! ... 66
Schmeißen Sie ihn einfach raus! ... 68
Der ganz sanfte Weg ... 70
Kochen Sie für ihn! ... 70
Das Verwandtschaftskomplott – alle gegen einen ... 71

Test: Wie stark ist Ihr Männerhaß? ... 74
Auswertung ... 78

Das Abc des Männerhasses ... 80

Vorwort

Kinder sind schlimm. Frauen können jeden normalen Menschen den letzten Nerv kosten. Aber die schlimmsten von allen, eine Art kosmische Katastrophe, sind die Männer.

Nicht unbedingt gleich jeder Vertreter des männlichen Geschlechts; darunter gibt es auch ganz annehmbare, angenehme Zeitgenossen (z. B. die Autoren dieses Buches), die ihren Verstand gebrauchen und auch keine emotionalen Roboter sind. Thema dieses Buches sind die Männer, die bestimmte männliche Eigenschaften in einem Höchstmaß entwickelt haben. Vermutlich geschieht dies durch einen negativen Selektionsprozeß, der an all den Orten stattfindet, wo echtes Mannestum herangezüchtet wird: in der Kneipe, am Arbeitsplatz, im Kraftraum, auf der Autobahn, im Sport- oder sonstwie-Verein, bei der Bundeswehr und im Fußballstadion.

Würde man alle negativen Eigenschaften des Mannes auf eine einzige Person übertragen – heraus käme ein Wesen, das Frankensteins Monster leicht in den Schatten stellen könnte:

Durchschnittlich 184 cm groß, Bierbauch, leichte Stirnglatze, Lederhose aus Nappa, Zwirbelbart à la Kaiser Wilhelm, Minipli im Resthaar, Besitzer eines Ford Mallorca mit Schwellern seitlich und Spoilern vorn und hinten, auf der Heckklappe rammelnde Kaninchen, Waschbärenschwanz an der elektrisch versenkbaren Antenne.

Dieser Supermann wäre ständig leicht besoffen, äße ausschließlich in der Imbißstube und würde jedem den

Schädel einschlagen, der etwas gegen seinen Fußballverein zu sagen wagte.

Ständig auf Anmache, mit strahlendem Solariumsgrinsen, das jede Frau das Gruseln lehren könnte, hielte er sich – und nur sich – für die Krone der Schöpfung. Er würde nach oben buckeln – schließlich möchte er es ja mal zu was bringen – und nach unten treten –, das braucht er. Er hätte eine Ehefrau, Typ graues Mäuschen, die er bis aufs Messer verteidigen würde, eifersüchtig wie ein arabischer Haremsherr, und eine Freundin, Typ blond und aus Plastik, bei der er den wilden Hengst machen könnte. Das natürlich wieder in der Lederhose und mit Tarzanhemd, vom Affen handgestylt.

Nicht, da packen einen doch Angst und Schrecken? Zum Glück gibt es ihn nicht, diesen Horrortypen, und wenn Sie anderer Ansicht sein sollten, haben Sie sich sicher getäuscht. Sie sollen nicht immer von Äußerlichkeiten auf das Wesen eines Menschen schließen! Unter dem schärfsten Razzaro-Rasierwasser steckt manchmal ein kluger Kopf, und unter dem wüstesten Brusthaartoupet eine zartfühlende Seele. Also – Ihr Nachbar ist gar nicht so, wie Sie denken! Sicher ist er nur mißverstanden, ungeliebt, verkannt – und nicht der völlig behämmerte Erzchauvi, den Sie in ihm vermuten. Damit solche Unwesen wie der oben geschilderte künstliche Horrormann nicht auf offener Straße ihr Unwesen treiben können, ist dieses Buch geschrieben worden. Es soll allen eine Hilfe sein, die sich Männern gegenüber ihrer Haut erwehren müssen. Es fordert seine Leser auf, klar und deutlich Stellung zu beziehen: Ja, diese Sorte Mann hasse ich von ganzem Herzen! Und ich weiß, auch, was ich gegen sie unternehmen kann...

Der Mann und die Urhorde

Behaart wie Höhlenbären, mit Gesichtern, die einen Gorilla als zartbesaiteten Intellektuellen wirken lassen, umringten sie ihren Führer, den stärksten, brutalsten und vermutlich skrupellosesten von allen – die männlichen Mitglieder der steinzeitlichen Urhorde. Bedingunglos unterwarfen sie sich ihrem Führer, hingen mit ihren trüben Augen an seinen wulstigen Lippen und waren ihm ergeben bis in den Tod. Seine Meinung war die Meinung der Horde. Rief er »Uahuah!«, so riefen alle »Uahuah!« Zog er es vor, »Grunz-grunz!« zu äußern, taten sie es ihm alle gleich.

Keiner trug die Keule so cool geschultert wie er, und niemand durfte eine größere Keule tragen, versteht sich. Keiner konnte wie er gegorene Büffelmilch kübeln, und keiner hatte am nächsten Morgen einen größeren Brummschädel als er. So wie die Urhorden vor Zehntausenden von Jahren durch die feuchten Sumpfwälder tobten, schweißtriefend und dumpfe Schreie ausstoßend, mit Hornhaut an den Füßen und Schwielen vom Keulenschwingen an den

Händen, so wie sie manchen Säbelzahntiger in die Flucht schlugen (Der Klügere gibt nach!), so leben sie noch heute weiter im modernen Mann.

Immer noch ist es großartig, mit allen im Chor zu brüllen, immer noch gilt das Führerprinzip, immer noch geben die Frauen nach wie damals die Säbelzahntiger. Allerdings heißt die Urhorde nicht mehr Urhorde, sondern kann den einen oder anderen Namen tragen. In der Hauptsache gibt es heute vier Varianten der steinzeitlichen Urhorde.

Der Verein

Die Urhorde der Steinzeit kannte nur ein Ziel: Mammut, Auerochs oder Höhlenbär nachzusetzen und dieselben möglichst martialisch niederzumachen. Als weitere Sinndimensionen waren der Urhorde wohl nur noch das an die Jagd anschließende Saufen und Fressen bekannt.

Der Vereinszweck moderner Männerbünde ist auch heute noch immer nur auf je ein Ziel gerichtet: Holzknüppel

mit Holzkugeln zu erlegen, Brieftauben über weite Strecken durch die Lüfte zu hetzen, gegen eine andere Horde um eine Lederkugel zu kämpfen, gemeinsames Grölen an öffentlichen Orten oder das Zusammentragen möglichst seltener bedruckter Papierstückchen. Welchen Zweck sich ein moderner Verein auch wählt: es ist nur einer. Oder haben Sie schon von einem Verein fußballspielender Briefmarkensammler, die Brieftauben züchten, gehört? Der monofinale Charakter der Urhorde wie des modernen Vereins erleichtert dem Steinzeitmann wie seinem modernen Ebenbild die Weltsicht ungemein. Nebenzwecke wie das Saufen und Fressen der Urhorde werden auch vom modernen Mann gern in Kauf genommen, wenngleich es heute zivilisierter Essen und Trinken genannt wird.

Der Beute der Urhorde entsprechen im Vereinsleben Medaillen, Pokale und Urkunden, die in schweren Kämpfen gemeinsam erstritten und voller Siegerstolz jedem vorgewiesen werden, der sie sehen möchte – oder auch nicht.

Wie die Urhorde kennt der Verein Rangkämpfe und Konflikte um die Führung. An der turnusmäßig durchgeführten Wahl des Vorstands sind schon Freundschaften zerbrochen, und mancher Mann ging als psychisches Wrack aus dem Vereinslokal, weil er den Posten des stellvertretenden Kassenwartsassistenten nicht erlangen konnte. Er hat an einer wichtigen Stelle seiner Laufbahn ebenso versagt wie der Steinzeitjüngling, dem im entscheidenden Moment gewisse Bedenken an der Sanftmütigkeit des Mastodonten kamen, den er gerade allein zu erlegen gedachte.

Soll das Kampf- und Jagdritual vergangener Tage besonders lebensecht nachvollzogen werden, kommt **mann** meist mit **einem** Verein nicht mehr hin. Es bedarf eines **Gegners,** um sich selbst von der Großartigkeit der eigenen Horde zu überzeugen. Im fieberhaften Kampf Verein gegen Verein findet der moderne Mensch das, was Brukterer,

Markomannen, Kimbern und Teutonen, Hunnen und Tataren tägliches Brot war: die große Randale.

Wenn auch die Horden unserer Tage andere Namen tragen – Borussia (!), Arminia (!), TuS Rot-Weiß oder TC Weiß-Blau (Meist-Blau?) heißen, der atavistische, moderne Mann fühlt sich zu Hause.

Die Firma

Eine besonders reizvolle Urhorde, die sogar ihren Mann ernährt (nämlich den, dem sie gehört), ist die Firma. Der Kampf gegen die böse Konkurrenz anderer Horden tobt hier Tag für Tag, es wird Beute (= Geld) gemacht, und Rangkämpfe sind an der Tagesordnung. Wie auch im Verein, nehmen Männer die in ihr Revier vordringenden Frauen mit großer Skepsis zur Kenntnis. Besonders liebt es der Anführer der Firmen-Horde, wenn alle seine Gefolgsleute auch »Uahuah!« rufen, wenn er »Uahuah!« macht. Die große Randale heißt heute Betriebsausflug. Im Gegensatz zur Steinzeithorde hat sich die Firma allerdings schon weiterentwickelt. Während der gebeutelte Rangunterste der Urhorde das Maul hielt oder nur dumpf vor sich hinstöhnte, wenn der Anführer ihm eins mit der Keule überzog, sagt der moderne Mann unserer Tage auch noch »Jawohl, Chef!« Und das ist doch ein Fortschritt, oder?

Die Partei

Eine besonders reizvolle Variante der Urhorde ist die politische Partei. Auch hier versuchen Frauen, an Einfluß zu gewinnen, allerdings halten gerade hier die Männer immer noch die stärksten Positionen. Das Großartige an der Horde Partei ist, daß sie so viele Gegner hat. Da sind andere Parteien oder auch die als Feinde besonders beliebten außerparlamentarischen Horden. Und in einer Partei durchschnittlichen Zuschnitts ist immer was los. Wenn die Urmenschenhorde gerade mal nicht jagte, soff oder fraß, war echt tote Hose in der Steinzeit. Bei Parteien kommt das auf gar keinen Fall vor. Irgend jemand jagt, frißt oder säuft immer, überall toben die schönsten Rangkämpfe, ein Führer macht den anderen nieder, und es gibt Beute massenhaft: Macht, oder für die, die davon nur wenig abbekommen, wenigstens Geld. Rangkämpfe sind in den Parteienhorden deshalb besonders lohnende Betätigung, weil es nicht nur einen Anführer gibt, sondern viele. Außerdem hat jedes Hordenmitglied die Chance, selbst Oberanführer zu werden. Denn anders als in der Steinzeithorde ist nicht mehr die Qualifikation (= Durchmesser der Oberarmmuskeln) ausschlaggebend, sondern weiß der Himmel was. Jedenfalls werden – aus der Sicht der Steinzeithorde – die merkwürdigsten

Individuen Parteivorsitzende. Lassen Sie uns raten: Vielleicht ist es ein starkes Totem oder der Umfang des Bauches oder die Dicke der Brieftasche, die einen Mann heute qualifiziert. Oder vielleicht ist jemand auch nur Parteivorsitzender geworden, weil man(n) so schöne Rangkämpfe mit ihm austragen kann?

Der Staat

Während Verein, Firma und Partei eigentlich noch ganz lustige moderne Urhorden sind, wird die Sache unübersichtlich, wenn die Horde zu groß wird. Kein Mensch weiß eigentlich noch genau, wer mit wem im Rangkampf ist, Keulen genügen nicht mehr so recht, da muß die Superkeule her, und die Revierkämpfe der einzelnen Horden können schnell in die Hose gehen. Im übrigen scheint es, daß die Qualifikation der Anführer mit der Größe der Horde abnimmt. Und auch mit der Beute sieht es nicht so gut aus. Da will die eine Horde die andere erbeuten. Und umgekehrt. Da sind uns Auerochs, Pokale oder Geld lieber.

Lassen wir diesen sicher recht tragfähigen Vergleich der modernen Verhältnisse mit den Zuständen in grauer

Vorzeit nun besser hinter uns, denn ganz wird er doch nicht tragen können. Viele Probleme unserer Tage sind beim besten Willen (und Gott sei Dank) nicht mehr mit der Keule zu lösen. Auch wenn es immer wieder versucht wird.

Wenden wir uns lieber den Erscheinungen unserer Zeit zu und untersuchen, was denn nun Männer uns Männerhasserinnen und Männerhassern so hassenswert erscheinen läßt (wobei wir uns allerdings einen gelegentlichen Blick auf die Zustände in der Steinzeit nicht verkneifen müssen).

WAS FRAUEN AN MÄNNERN HASSEN

Nach einer Umfrage des Gallup-Instituts gibt es einige Fakten von existentieller Bedeutung, die Frauen an Männern hassen.

Sie mögen es nicht, wenn ihr Gatte mit Socken ins Bett geht.

Wenn er die Strümpfe links herum liegen läßt.

Oder wenn er bei einem Streit völlig ruhig bleibt.

Oder gestreifte Pullover zu karierten Hosen trägt.

Zu wahren Haßtiraden kommt es, wenn er morgens aus dem ehelichen Lager steigt, ohne die Decke zu lüften. Oder, noch schlimmer, wenn er den Kindern beim Fernsehen rücksichtslos die Gummibärchen wegfrißt.

Uns als Männern allerdings, die sich bemühen wollen, in diesem Buch das gesamte Potential an Männerhaß aufzuzeigen und zu hinterfragen, scheint dieses Forschungsergebnis zumindest etwas vordergründig.

Wo bleiben so wichtige Haßfaktoren wie Fußball, Eifersucht und Verwandtenbesuch (»Ich hasse ihn, weil er meine Mutter immer so merkwürdig begrüßt: Aber Schwiegermutter, warum stehst du denn draußen im Regen? Geh doch einfach nach Hause!«)?

Wo sind hier grundlegende Untersuchungen über das unbekannte Wesen Mann angestellt worden, die Aufschluß über die Ursachen des Männerhasses geben können?

Und überhaupt: Wieso können nur Frauen Männer hassen?

Wir sind der Meinung, daß jeder das Recht hat, Männer zu hassen – auch jeder Mann. Schließlich sind ja vor allem wir es, die sich mit den etwas lästigen, merkwürdigen und oft überholten Urschemata der männlichen Psyche herumprügeln müssen – und zusätzlich noch mit den Frauen (s. »Das fröhliche Frauenhasser-Buch«). Deshalb soll dieses Werk versuchen, eine umfassende Einführung in den Männerhaß zu geben – radikal und vorbehaltlos.

Männer sind langweilig

Alles in allem sind Männer die uninteressantesten Wesen auf dieser Erde. Sie kleiden sich schlecht (im Vergleich zu Frauen), riechen aus dem Mund (nach Rauch, Knoblauch oder Alkohol), brummen mit unverständlicher Baßstimme herum, haben simple, fast mechanistische Ziele und Beweggründe und wollen immer nur das eine. Ihre Körperformen halten sich – meist – in ästhetischen Grenzen, und ihr Intellekt verkümmert mit zunehmendem Alter im Berufsalltag. Männer sind mundfaul, trampelig, ungeschickt und hochgradig unsensibel. Wenn eine Frau zwischen einem Mann und einer Stehlampe zu wählen hätte, würde sie die Stehlampe nehmen. Oder den Mann, wenn sie schon eine Stehlampe hätte. Oder doch lieber die zweite Stehlampe. Stehlampen sind unterhaltsamer als Männer.

Männer sind geizig

Daß es großzügige Männer geben soll, ist ein Gerücht. Männer sind in Gelddingen kleinlich und bis zum Geiz egoistisch. Alles, alles wollen sie für sich behalten. Am Monatsersten weigern sie sich, ihr Gehalt vollständig bei ihrer Gattin abzugeben, die doch einige dringende Besorgungen in der Pelzboutique zu erledigen hat. Sie beschenken ihre

Frauen oder Partnerinnen höchstens an Feiertagen wie Ostern, Pfingsten, Valentinstag, Geburtstag, Namenstag, Weihnachten, Hochzeitstag, Montag, Dienstag, Mittwoch, Zahltag, Sankt-Nimmerleins-Tag, Donnerstag, Jüngster Tag, Freitag, Samstag und Sonntag und sind auch mit massivstem Werbeaufwand kaum zu überreden, ein klitzekleines Monatsgehalt für einen klitzekleinen Diamantring herzuschenken, worunter die Edelsteinschleifereien Idar-Obersteins furchtbar zu darben haben.

Und für eine kleine Aufmerksamkeit zwischendurch – es muß ja nicht immer ein Feiertag sein – sind sie viel zu unaufmerksam. Und zu geizig. Wirklich großzügige Männer, die ihrer Frau oder Partnerin mal ein Collier von Tiffany zum Frühstück schenken, sind fast ausgestorben. Sie existieren nur noch in Hollywood-Filmen – oder in den Chefetagen von Computerherstellern. (Aber das geht jetzt zu weit. Finden Sie gefälligst selbst heraus, wo die vielen großzügigen Bonzen sitzen, meine Damen.)

Männer sind unhöflich

Die herrlichen Zeiten, da Männer noch Gentlemen vom Scheitel bis zur Sohle waren, sind vorüber. Heute sind Männer für Höflichkeiten zu dämlich.

Half Roderich Freiherr von Doppelböck seiner Angebeteten noch galant in die Liebeslaube, so muß Gisela K. heute ganz allein die steilen Stufen zum Hochbett erklimmen, in dem ihr Partner sich bereits genüßlich aalt. Konnte Alwine, die holde Schönheit der Jahrhundertwende, noch damit rechnen, daß ihr Verehrer auch im Sturzregen ihren Schirm trug und dabei naß bis auf die Haut wurde, so stößt der Mann heutiger Tage seine Partnerin gnadenlos in jede Pfütze, um seine italienischen Schuhe zu schonen.

Alles muß die moderne, emanzipierte Frau heutiger Tage allein tun: Sich in die Jacke helfen, Treppen zuerst emporsteigen, sich die Hand küssen, Karriere machen, Türen öffnen und sich in Gesellschaft unterhalten.

Sogar in puncto Komplimente gibt der moderne Mann nichts mehr her. Hieß es früher: »Ach, euer Hochwohlgeboren sind heute wieder einmal von einer erlesenen Schönheit, daß es mir die Sprache schier verschlagen will und ich die Glocken des Kreml in der Ferne läutend zu vernehmen glaube!«, so muß die Frau unserer Tage mit einem »Fetzig, Lola!« oder, noch brutaler, einem »Affentittengeil!« vorliebnehmen.

Statt dessen räkeln sich Männer der neuen Zeit in ihrer Saffianlederhose, übergießen sich mit Litern teurer Essenzen und sind beleidigt, wenn die Dame ihres Herzens **ihnen** keine Komplimente macht.

Klar, daß die emanzipierte Frau von heute sauer – und mit Männerhaß – reagiert. Emanzipiert sein muß ja nicht gleich heißen, daß man auf die Annehmlichkeiten der alten Frauenrolle verzichten will. **Sie** hat es halt immer noch ganz gern, wenn **er** seinen Mantel in die Pfütze wirft, damit **sie** trockenen Fußes ins McDonald-Restaurant kommt.

Männer sind aufdringlich

Kaum betritt **sie** (180 cm, 90-60-90, 21 Jahre alt) im neuen 1,5-qcm-Tanga den weitläufigen Sandstrand des Urlaubsparadieses, ist sie schon umlagert von lechzenden, stieräugigen Männern mit mehr als eindeutigen Absichten. Kaum legt sie das 0,75 qcm große Oberteil des hochmodischen Schwimmanzuges ab, weil es so furchtbar heiß ist, machen die Herren Männchen und kriegen vor lauter Bluthochdruck rote Köpfe. Männer sind ja so aufdringlich!

Männer sind unaufmerksam

Kaum betritt **sie** (165 cm, 90-90-110, 45 Jahre alt) im neuen selbstgenähten Sommerdirndl aus der Zeitschrift ANNETTE den weitläufigen Sandstrand, . . . Nein, Irrtum, es geschieht nichts. **Er** und all die anderen Männer sind noch viel zu erschöpft von den Anfechtungen moderner Bademode, die ihnen eben geboten wurden, und wenden sich lieber friedlich ruhend im Strandkorb den Schönheiten aus PLAYBOY und LUI zu, um nicht allzu hart von einem

Realitätsschock getroffen zu werden. **Sie** legt das Bolero aus apartem Großblumenbaumwollbatist ab, weil ihr so fürchterlich heiß ist . . . Nein, es geschieht weiter nichts. **Er** und alle anderen Männer denken an ihren Blutdruck und gucken jetzt lieber nicht hin. Männer sind ja so unaufmerksam!

Männer sind egozentrisch

Daß sich Männer nach vollzogenem Liebesakt schnarchend auf die Seite drehen, wissen wir aus vielen Sexualstudien. Was mit dem Lusterlebnis ihrer Partnerin läuft, geht sie nicht die Bohne an. Männer sind egozentrisch.

Sie schlafen im Ehebett immer rechts, nehmen sich im Kino den besseren Platz, verputzen im Restaurant das größere Schnitzel und schalten immer gerade das Fernsehprogramm ein, das sie selbst sehen wollen. Frauen haben da nichts zu melden.

Aber es kommt noch schlimmer. Sie klauen sich nachts die ganze Bettdecke, essen die letzte Gurke aus dem Glas im Kühlschrank und rauchen die letzte Zigarette aus der Schachtel.

Aber das wissen Frauen ja alles und arbeiten vor. Sie tauschen die Matratzen aus, damit das Bett links das bessere ist, verstecken Gurken im hintersten Winkel der Speisekammer und Zigaretten in ihrem Nähkasten. Sie komplimentieren ihn im Kino auf den schlechteren Platz (»Von hier aus kannst du alles überblicken! Wo du doch immer so schlecht siehst!«), und eigentlich ist es ihnen egal, daß er im Restaurant das größere Schnitzel bekommt, weil sie zu Hause in der Küche schon **vor** den Mahlzeiten dafür sorgen, daß sie nicht zu kurz kommen. Na ja, und die Sache mit dem Lusterlebnis — wer weiß, was **sie** tut, wenn er selig schläft . . .

Männer sind ja so egoistisch!

Männer sind dumm

Eine gewisse Bauernschläue werden Frauen und Männerhasser richtigen Männern sicher nicht absprechen wollen, aber im Grunde ihres Herzens sind Männer dumm – und leicht zu übertölpeln. Wie könnte es sonst sein, daß sie so auf die simplen Fallen der Frauen hereinfallen. Ein freundliches »Ach, sei doch bitte so nett . . .!«, ein Augenklimpern, und der große dumme Teddy schleppt ihr das Klavier in den sechsten Stock.

Ein gut plaziertes »Ach, weißt du, ich finde dich einfach großartig!«, und schon sitzt ihm das Scheckheft locker.

Regelmäßige gute Küche, und auch sonst alles regelmäßig, und er merkt nicht, daß sie ihn seit Jahren mit dem Klavierlehrer betrügt.

Männer sind einfach dermaßen blöde!

Das geht soweit, daß sich Männer um Frauen prügeln. Manchmal sogar um eine einzige. Kaum vorstellbar, angesichts eines deutlichen Frauenüberschusses. Aber da hat sich wohl seit der Steinzeit nicht eben viel getan.

Männer sind häßlich

Haß und häßlich – da gibt es ja wohl deutliche Zusammenhänge. Männer haben Bäuche, Haare am ganzen Körper, riechen streng und haben dicke, unförmige Nasen. Sie neigen zu Mundgeruch und Achselnässe ebenso wie zu Pickeln im Gesicht und zu Schweißfüßen. Frauen sind einfach aerodynamischer, ausgereifter.

Wenn dann mal ein Mann es zu einiger Schönheit gebracht hat, weiß er es auch – und nutzt es schonungslos aus. Das stört dann die anderen Männer – die finden das häßlich.

Männer sind geschmacklos

Wenn richtige Männer nicht auf vorgegebene Rollenbilder zurückgreifen können (wie den Marlboro-Cowboy oder Asterix), verlieren sie jede ästhetische Orientierung. Sie tragen quittegelbe Socken zum Frack oder Gummistiefel zum Smoking. Die Kombination flirrender Karos mit hüpfenden Punkten und irrlichternden Mikrostreifen dringt, auch wenn sie selbst so gekleidet sind, nicht bis zu ihrem Auge durch.

Sie kaufen Haushaltsgegenstände in Versager-Grün und Nervenschock-Orange. Ihre Wohnung, sofern sie nicht ganz auf eine eigene Einrichtung verzichten, ist ein Horrorkabinett aus allen Stilrichtungen und ethnischen Sonderbarkeiten unter der Sonne: Da schreit der Gelsenkirchener-Barock-Sessel den ostindischen Buddha-Aschenbecher an, da zerbirst die skandinavische Schrankwand fast unter dem gestalterischen Anprall des Op-Art-Musters aus den frühen Sechzigern, das die Tapeten ziert. Da schweben futuristische Plastikkugeln, gedämpfte Dunkelheit verbreitend, als Lampen über altdeutsch-biederen Hydraulik-Hubtischen. Fernsehsessel aus Fast-Leder im Cockpit-Design und die HiFi-Combination im Woolworth-Utopia-Styling runden das Bild des Schreckens. Alles selbst ausgesucht!

Dazwischen **er**: Im getigerten Hausmantel und Nudelstreifenhosen, WILD unterm Arm und völlig blind für das Fiasko, in dem er lebt. Immerhin beachtlich: seine Frustrationstoleranz.

Männer fackeln nicht lange

Männer lieben schnelle Entscheidungen. Während Frauen ein Problem erst überdenken und auch vom Gefühl her ausloten, neigen Männer zu schnellen – meist zu schnellen – Entschlüssen. Ob sie nun im Beruf die Sekretärin für einen Fehler herunterputzen, den sie selbst begangen haben, ob sie im Urlaub Beschwerden über die hygienischen Zustände im Hotel ablassen, weil sie das Bidet für das Waschbecken gehalten haben, ob sie in der Küche Pommes-Frites-Fett mit Wasser löschen oder im Bad das Kind mit der Wanne ausschütten – Männer sind schnell in ihren Entschlüssen – blitzschnell. Es soll ihnen ja keiner nachsagen können, sie hätten gezögert und gezaudert. Den Schaden zu beseitigen, den sie angerichtet haben, dauert meist länger, als es gebraucht hätte, die Sache mit Ruhe und Verstand zu klären. Außerdem räumen ja die Frauen auf.

Besonders ungern fackeln Männer, wenn sie Uniform tragen. Es kostet die Menschen ohne Uniform alle Mühe, die Männer in Uniform von schnellen Entschlüssen abzuhalten. Denn ob das Aufräumen nachher noch lohnt, ist nicht sicher.

Immer feste druff – der männliche Kampftrieb

Daß ein gerüttelt Maß Aggression in der Steinzeit von Vorteil war, liegt auf der Hand. Es war schon ganz richtig, daß Herrn Urwurz ganz heiß wurde, wenn der Höhlenbär seine Familie verspeisen wollte, und ihm mit Schmackes die Keule über den Schädel zog. Ob das maskuline Aggressionspotential heute noch sinnvoll ist, steht sicher in Frage. Immerhin beschert der männliche Kampfestrieb den Männern (und der übrigen Menschheit) eine Menge heiterer Freizeitaktivität. Was wären moderne Sportarten live oder auf dem Bildschirm ohne überkochende Gefühle? Wie öd und langweilig wäre der Straßenverkehr ohne würzende Kraftidiome und hektische Gebärdensprache? Und so mancher Naturbursche schätzt die gemütliche Schlägerei im Bierzelt mit allem Drum und Dran mehr als das nervenaufreibende Fensterln in zugiger Gebirgsnacht.

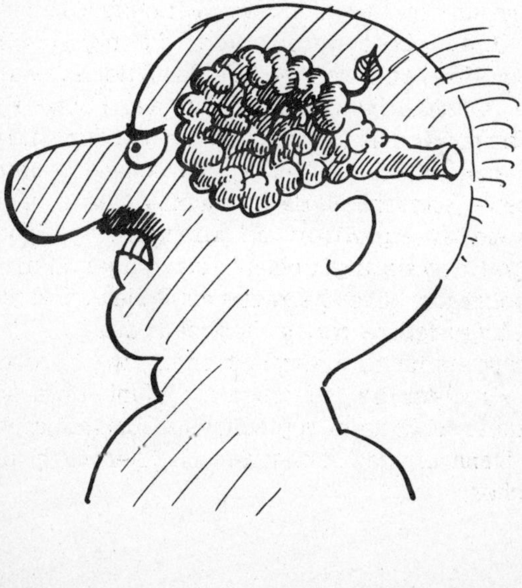

Das Großartigste an einer solchen männlich-sportlichen Aktivität ist das anschließende Verbrüderungssaufen mit Eisbein und Sauerkraut, Schulterklopfen und Pflege der Wunden. Da weiß man(n) noch, was Leben ist!

Männer sind größenwahnsinnig

Es genügt nicht, einer von vielen zu sein – ein echter Mann muß die Gruppe der Männer in seinem Umfeld um Haupteslänge überragen – mindestens. Diese allgemeine Feststellung läßt sich mit vielen speziellen Fällen füllen, und da diese Feststellung für alle (oder zumindest fast alle) Männer gilt, ist die Welt der Männer eine einzige Ansammlung von nach oben strebenden, superlativen Helden und Übermenschen.

Als **Sportler** versuchen Männer **Spitzensportler** zu werden, schneller, stärker, geschickter, skrupelloser als alle anderen Männer zu sein. Nicht umsonst findet Tennis immer mehr männliche Anhänger – wo sonst sagt ein Platz in der Weltrangliste so deutlich, wie gut einer ist.

Als **Mann im Beruf** geht es darum, möglichst steil in möglichst astronomische Gehaltsklassen zu kommen. Als **Mann in der Politik** strebt man danach, möglichst schnell möglichst große Macht an sich und seine Partei zu ziehen und als **Mann in der Familie** ein Höchstmaß an männlicher Autorität und familiärer Harmonie zu verkörpern. Leider gibt es hier noch keine Weltrangliste, die aber sicher ein Typ wie Wim Toelke anführen würde.

Sollte man(n) nicht zu einer der genannten Männergruppen gehören, bleiben zwei Möglichkeiten. Einmal steht eine Karriere als **Mann im Bett** offen, eine schöne, mehr oder weniger befriedigende Aufgabe, die aber zunehmend durch die zuhauf auftretenden Geschlechtskrankheiten vermiest wird. Leider findet die Liste der in der Lust erworbenen Gebrechen jede Woche in WILD AM SONNTAG eine neue Ergänzung. Trichonomaden, Gonokokken, Retroviren, Spiralotokken, Henkelltrokken und andere ein- oder mehrzellige Angreifer lauern auf den hochleistungswilligen Sexualsportler. Deshalb suchen sich immer mehr Männer ein weniger infektiöses Tätigkeitsfeld. Als **Mann der Re-**

korde suchen sie das zu demonstrieren, was anderswo nicht mehr geht: echte männliche Größe. Da verzehrt einer 46 Grünkohle mit Schlagsahne stehend freihändig in der Straßenbahn. Ein Platz im Buch der Rekorde ist ihm sicher. Da verbringt ein anderer 12 Monate unter dem Packeis seiner Tiefkühltruhe. Er wird in die Halle des Ruhms einziehen und der Menschheit unvergeßlich sein. Da besteigt einer, ausgerüstet mit einer Taschenlampe und einem Schweizer Offiziersmesser, ohne Sauerstoffgerät, allein und im Winter sein Fahrrad und umrundet den Kreisverkehr vor seiner Wohnung 3677mal, ohne nach links und rechts zu blicken und ohne sein Säckchen hinter sich zu werfen. Ein schöner, ein beeindruckender Rekord, der seinesgleichen sucht. Männer, die über sich selbst hinauswachsen. Im Streben nach wahrer Größe Erstaunliches leisten. Fragt sich bloß, wozu.

Männer funktionieren

Egal ob ihnen das Packeis oder der Schuldenberg bis zum Hals stehen, völlig gleichgültig, ob sie ihre Gesundheit ruinieren oder gegen jeden gesunden Menschenverstand handeln, belanglos, ob sie für den Mülleimer arbeiten oder endlose Zahlenkolonnen addieren, um ihren Heimcomputer zu kontrollieren: Männer funktionieren. Es ist schon ein wenig unheimlich.

Sie hetzen durch Dschungel und Wüsten, entdecken Nord-, Süd- und sonstige Pole, prügeln sich mit Grizzlys und ihresgleichen, türmen riesenhafte Steingebirge auf oder graben endlos tiefe Löcher und Stollen. Brütende Hitze, klirrender Frost, mörderischer Streß und beißender Frust können sie nicht abhalten zu beweisen: Männer funktionieren. Immer. Wie Roboter oder Uhrwerke. Wo jede vernünftige Frau längst das Handtuch geworfen hätte, beißen sie fest die Zähne zusammen und halten durch. Zu so großen Taten sind Männer fähig. 70-Stunden-Woche, Nächte an der Drehbank oder am Schreibtisch können sie nicht schrecken, schon gar kein Herzinfarkt. Sie halten durch.

Vielleicht hassen die Frauen gerade deshalb die Männer. Weil sie selber nicht so schön konsequent unvernünftig sein können. Und weil sie hinterher die Wunden pflegen müssen, mit denen die Männer von ihren Taten heimkommen. Völlig geschafft, aber stolz wie Oskar. Und mit dem Blick in den Augen, der wohl sagen soll: Na, bin ich nicht einfach großartig?

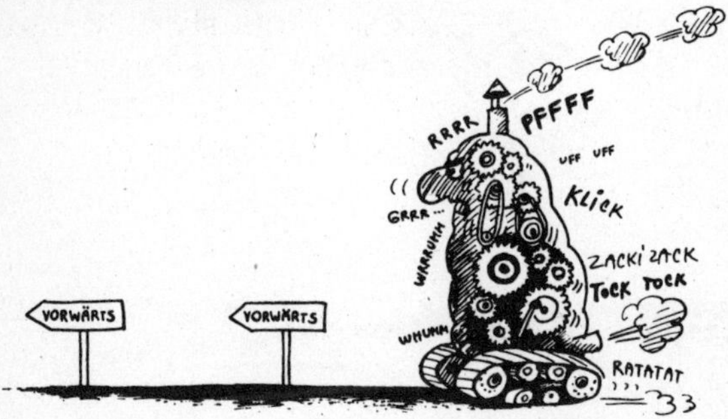

Männer haben 'ne Macke

Frauen sind im allgemeinen ganz normal. Sie bringen es höchstens mal bis zur Putzsucht im doppelten Sinne des Wortes.

Männer hingegen sind im Normalfall leicht gaga. Irgendeine Macke – außer den vorab geschilderten (s. a. Kapitel »Männer wollen immer nur das eine«) – hat jeder richtige Mann.

Der eine sammelt Briefmarken, der nächste leidet unter massivem Aufrüstungszwang im HiFi-Bereich, wieder der

nächste kauft für Tausende D-Mark Modelleisenbahnen und Zubehör (für seinen Sohn, versteht sich). Wer von solcherlei Anfeindungen frei ist, trägt vielleicht sein Geld in die Spielhölle, kämpft für die Durchsetzung der arbeitsfreien Schalttage oder bemüht sich verbissen, mit Hilfe östlicher Entspannungstechniken zu fliegen. Wieder andere richtige Männer builden ihren Body, daß es nur so kracht, durchstreifen Einöden und Wüsten bis an die Grenze ihrer Leistungsfähigkeit (und über die Grenzen jeder Vernunft hinaus). Besonders begnadete Männer lernen das Telefonbuch auswendig, wenn sie eher geistige Interessen haben, oder zerreißen es mit bloßen Händen, wenn sie eher sportlich orientiert sind.

Was ist denn nun so betont männlich an diesen männlichen Vergnügungen, und was ist daran so hassenswert?

Es ist die Verbissenheit, mit der Männer dem nachgehen, was man bei vernunftbegabten Menschen ein Hobby oder sonstwie neudeutsch benennen würde.

Richtige Männer sammeln Briefmarken, bis sie alle Marken der westlichen Hemisphäre von Anbeginn der Steinzeitpost bis zum Jahre 2185 komplett haben. Sie bauen ihre HiFi-Anlage auf, bis die Geräte eine Stärke erreicht haben, die die Bundeswehr im Krisenfall auch militärisch nutzen kann. Sie errichten Modelleisenbahnpanoramen (oder -dioramen) von einer solchen Ausdehnung, daß man sie nur noch mit der Bundesbahn bereisen kann. Sie bearbeiten mit solcher Verbissenheit den Joystick eines Videospiels, bis sie nach Stunden vor lauter Joy vom Stick (sprich: Stengel) fallen. Sie versuchen mit so bewundernswerter Konsequenz Geld aus Spielautomaten zu gewinnen, die schon von ihrer Programmierung her immer gewinnen müssen, daß sie sich und ihre Familie dabei um Hab und Gut bringen – und das voller Vergnügen. Sie betreiben autogenes Training so verbissen, daß sie sich vor lauter Entspannung verkrampfen. Aber so sind richtige Männer – sie verstehen keinen Spaß – nicht mal beim Vergnügen.

Männer in Fahrt – Balzrituale

Es ist keineswegs so, daß Männer absolute Eisbrocken wären. Hin und wieder beschleicht auch den härtesten Mann eine Gefühlsregung.

Besonders brutal packt den jungen (richtigen) Mann die Liebe. Wie eine Naturkatastrophe überkommt es ihn, haut ihn förmlich aus den Socken und raubt ihm den letzten Funken Verstand.

Er jault nachts unter dem Fenster der Angebeteten wie

ein getretener Hund, interessiert sich plötzlich für Gewächse in der Flora von Wald und Wiese, die er auszureißen und zu ihr zu tragen beginnt (Relikte des Nestbaus?).

Das Telefon zieht ihn zu jeder Tages- und Nachtzeit magisch an, er kann Stunden um Stunden Süßholz in die Hörmuschel raspeln, auch wenn sie den Hörer bereits seit etlicher Zeit unters Kopfkissen gesteckt hat. Er, der sonst nur zu Weihnachten zu baden pflegt, steht plötzlich täglich dreimal unter der Dusche, verbraucht Liter von Pre-, After- und sonstigem Shave äußerlich, innerlich und intravenös. Er stinkt wie ein wandelnder Duftkerzenstand und sieht aus wie ein Pfingstochse, weil er sich täglich neu einkleidet.

Die Post stößt sich an ihm gesund, weil er, neben den horrenden Telefongebühren, auch noch Unsummen für Briefe, Päckchen, Pakete, Eilzustellungen, Wunsch-, Glückwunsch- und Glückstelegramme ausgibt.

Auf langen Spaziergängen sondert er gereimte Absonderlichkeiten ab, die er, in stiller Stube und in schlafloser Nacht, für sie verfaßt hat. Schlaf findet er schon seit Wochen nicht mehr, hat Ringe unter den Augen, er hat zehn Kilo abgenommen, aber es geht ihm prächtig.

Ganze Nachmittage und Abende sitzt er mit ihr auf dem Sofa und spielt das Schwitzehändchen-Spiel.

Dann – irgendwann, sie weiß ja nicht, was da auf sie zukommt – erhört sie ihn. Das ist der Startschuß. Jetzt macht er den wilden Bock, sie kommen ganze Tage nicht aus den Federn, und wenn, hat er Rückenschmerzen und ein unverschämtes Grinsen im Gesicht. Er schwebt, wie sie übrigens auch, zehn Zentimeter über dem Boden und kann auf dem Wasser gehen.

Plötzlich – eines Morgens, meist nach der Verlobung – ist die Luft raus. Er sackt in sich zusammen wie ein Schlauchboot ohne Stöpsel. schläft nur noch, wenn er nicht gerade ißt oder fernsieht. Sie bedient ihn, kocht und putzt für ihn und unternimmt gelegentliche Wiederbelebungsversuche. Umsonst. Langsam, aber stetig, erkennt sie, daß sie nun nicht mehr zurück kann und in die Falle gegangen ist. Langsam, sehr langsam, schlägt ihre Liebe in Männerhaß um. Und aus der jungen Liebe wird eine Familie – mit allen Konsequenzen. Wenn Sie wissen wollen, wie es weitergeht, lesen Sie weiter auf S. 47.

Männer wollen immer nur das eine . . .

Eins ist klar: Männer sind Triebtiere. Sie wollen immer nur das eine. Was, können Sie sich schon denken. Oder?

Wie, Sie wollen gar nicht immer . . . Ach! Viel lieber wollen Sie schlafen, saufen, fernsehen, Karriere machen, Skat spielen, über Fußball oder (neudeutsch) über Tennis reden?

Auch gut. Dann müssen wir unseren Ansatz also ein wenig ändern.

. . . oder das andere

Jedenfalls sind Männer beschränkt. Es gibt einen Katalog der Lieblingstätigkeiten, auf die richtige Männer in ihrem Denken und Handeln eingeschränkt sind. Wer nicht mitmacht, ist kein richtiger Mann. Sagen richtige Männer.

Katalog männlicher Lieblingstätigkeiten (wie Frauen und Nichtmänner ihn sehen)

schlafen	über Fußball oder Tennis reden
saufen	über Autos reden
Karriere machen	sich streiten
Skat spielen	bumsen

Immerhin acht beachtliche Aufgabengebiete. Und was ist daran verwerflich? Wo liegt der Anstoß für den Männerhaß? Einmal: Auch Frauen haben einen solchen Katalog, allerdings einen ganz anderen:

Katalog weiblicher Lieblingstätigkeiten (wie Männer ihn sehen)

stricken	Kochrezepte austauschen
über Kleider reden	über Frisuren reden
Geld ausgeben	sich streiten
putzen	Beziehungskisten bequatschen

Wie Sie sicher bereits festgestellt haben, gibt es nur eine Übereinstimmung – und genau dieser Tätigkeit kommen Männer und Frauen deshalb mit Begeisterung nach. Es ist alles, was sie haben. Verständlich, daß Männer Frauen und Frauen Männer hassen.
Zum anderen: Daraus ergibt sich, daß Männer und Frauen zumeist Unterschiedliches wollen: Sie will stricken, er will bumsen; er will schlafen, sie will über Beziehungsprobleme reden; er will Karriere machen, sie will lieber etwas Neues kochen.
Die Folge: Immer-Sätze.

»Immer willst du nur das eine!«
»Immer denkst du nur an die Firma!«
Immer strickst du, statt die Sportschau zu sehen!«
»Immer mußt du mit mir streiten!«

So ist das eben. Männer wollen immer nur das eine. Und Frauen?

Der Mann und sein Auto

So wie der Mann der Steinzeit sich mit der Keule artikulierte, wie der Pianist heute im Flügel das Medium findet, sich seiner Umwelt mitzuteilen und auszudrücken, nutzt der moderne Mann unserer Tage sein Automobil als Instrument der Verständigung mit der Umwelt.

In den Aussagemöglichkeiten und im Repertoire der Nuancen ist das Auto, in der Hand des Mannes, versteht sich, dem Klavier oder jedem anderen Instrument durchaus ebenbürtig.

Zunächst der Bereich der akustischen Signale:

Kurz hupen bedeutet: Danke, daß Sie mich vorgelassen haben (**mich**, nicht **mein Auto**!). **Zweimal kurz hupen** ist der schneidige Gruß eines GTI-Fahrers an den anderen, wobei ein gerüttelt Maß Anerkennung für den neuen Frontspoiler des Markengefährten mitschwingt. **Langes ununterbrochenes Hupen** stellt immer eine Unmutsäußerung dar, z. B. wenn jemand mit 80 durch die Stadt schleicht, während **langes rhythmisches Hupen** und donnernde 1000-Watt-Stereoanlage etwa heißt: Hier kommt die gefährliche Rallye-Urhorde aus der Karl-Friedrich-von-Druffmann-

Siedlung. Jedes denkende Wesen ergreift die Flucht, wenn es dieses Signal hört. **Ein aufheulender Motor** zeigt an, daß der Fahrer des Fahrzeugs unter massiven Allmachtspsychosen leidet oder einen Krampf im Gasfuß hat. **Scheppemdes Blech** ist ein sicherer Hinweis darauf, daß der Besitzer des Fahrzeugs das Improvisierte, Spontane liebt, während **ein dumpfes Krachen** meist manifestiert, daß die Liebesbeziehung eines Mannes zu seinem Auto so oder so ein Ende gefunden hat.

Nun zu den gestischen Ausdrucksformen der männlichen Autokultur: **Dumpf grübelndes Anklammern an das Lenkrad** zeigt der Umwelt, daß der Fahrer des Wagens viel Liebe und Wärme braucht, **freihändiges Fahren bei 190** signalisiert Lebenslust und unbändigen Tatendrang sowie die Notwendigkeit eines amtsärztlichen Intelligenztests. **Fahren gegen die Fahrtrichtung** weist auf einen frühkindlichen Bruch in der automobilistischen Erziehung hin; wird das Fahrzeug **vom Rücksitz aus gelenkt,** hat der Fahrer sie schlicht nicht mehr alle auf der Latte. **Einschalten der Warnblinkanlage** und **rhythmisches Vibrieren des gesamten Fahrzeugs** ist ein untrügliches Zeichen dafür, daß Sie hier alle weiteren Untersuchungen von Fahrer und Fahrzeug unterlassen sollten, besonders auf dunklen Waldwegen.

Ständiges Aufdotzen auf den Vordermann im Stau bedeutet: Hab mich lieb! – und so weiter.

Klar, daß dies subtile Netz von Signalen und versteckten Hinweisen nur von wenigen verstanden wird – und bei weniger intelligenten Menschen zu Männerhaß führt.

Deutlicher noch drückt sich die Tiefe der Beziehung zwischen Mann und Auto in der Art und Weise aus, wie der Mann sein Allerheiligstes pflegt. Liebevoll greift er unter die Kühlerschürze und wischt hier etwas weg, streicht dort über kühlen Lack. Genießerisch betastet er, nur durch Waschleder getrennt, die erotischen Formen der Kofferraumklappe. Begierig erforscht er jede Ritze des Ventilationsschachts. Umsichtig-sorgend trägt er frischen seidigschwarzen Unterbodenschutz auf.

Und wie er erst fährt! Hochgespannt dreht er den Zündschlüssel, tastend erforschen seine Hände die zarten Kräfte der Servolenkung, erleichtert hört er das regelmäßige Motorengeräusch, herrisch-fordernd tritt er das Gaspedal durch, heiß und kalt wird ihm, wenn sie – pardon, es, losgeht wie die wilde Sau, befriedigt legt er sich ins Polster zurück, angenehm umschmeichelt ihn das weiche Velours der Schalensitze.

Solche und ähnliche Erfahrungen legen den Gedanken nahe, daß Frauen die Liebe ihrer Männer zum Auto aus Gründen der Eifersucht ablehnen.

Männer sehen das gelassen. Schließlich bringt ihr Auto sie jederzeit zu einer anderen Frau, falls sich die eine von ihnen trennt.

Männer sind überflüssig

Fassen wir zusammen: Männer stehen meist nutzlos im Wege herum, verursachen unnötige Putz-, Näh- und Küchenarbeiten und lassen alles hinter sich stehen und liegen. Im Beruf sind sie vorlaute Besserwisser, die alles falsch machen, was dann Frauen auszubaden haben. In der Liebe sind sie tapsig und ungeschickt, scheuern mit ihrer Behaarung alles auf und machen blaue Flecken. Im Alltag sind sie lästig, über die Maßen anhänglich und betreuungsbedürftig.

Ihr Gefühlsleben ist von Urinstinkten und atavistischen Trieben geprägt und kompliziert wie eine Kuckucksuhr. Ökologisch gesehen hinterlassen Männer Kahlschlag, ökonomisch verursachen sie höhere Kosten als sie Geld einbringen – und sollten deshalb wegrationalisiert werden. Sie sind gesundheitlich weniger widerstandsfähig als Frauen, nutzen sich schnell ab und haben viel zu kurze Wartungsintervalle. Sie sind laut, riechen schlecht und denken in Schüben. Da der Unterhaltungswert eines Mannes zweifelhaft ist, sollte eine moderne Frau einem Videorecorder den Vorzug geben.

Männertypen zum Hassen

Richtige Männer werden es gar nicht glauben, daß es sie gibt: Männer, die man hassen kann, nur weil sie Männer sind, und zwar solche mit unerträglichen Eigenschaften. Richtige Männer hassen nämlich einander nur aus Eifersucht. Wenn der eine dem anderen die Frau wegnimmt, die ihn – und auch seinen Konkurrenten – schon seit Jahren mit einem dritten hintergeht. Oder sie hassen sich aus Konkurrenzgründen. Aber nicht, weil sie Männer sind.

Aber es gibt sie, die Männer zum Hassen.

Ganz an der unteren Schwelle der Haßskala, sozusagen noch fast im Sympathiebereich, findet sich der **Softi**, die schon geradezu butterweiche Sorte Mann, wie weder richtige Männer noch Frauen sie mögen. Männchen, die spülen, nähen, abtrocknen, staubsaugen, die Fenster putzen, stricken, die Kinder trockenlegen und den Hund ausführen und zwischendurch immer wieder einmal nachfragen, wie es denn mit der Emanzipation der Gattin oder Partnerin vorangehe.

Schon etwas abstoßender ist der **After-Shaver**; ein Mann mit einem astronomischen Kosmetik-Etat, ausschließlich beseelt von der Frage, ob sein neues Hochleistungsdeo auch zu seiner Unterwäsche paßt. Tiefschürfende Gespräche führt er nur mit seiner Kosmetikerin, und Dressman ist sein Traumberuf – in Wirklichkeit ist er Unterabteilungsleiter.

Noch schöner und noch unausstehlicher ist **der Zwirbelbart-Chauvi**, der nachts, durchdrungen von monarchistischen Gedanken an Kaiser Wilhelm II., mit der Bartbinde schläft und tagsüber mit dröhnendem Baß und schulterklopfend fürbaß schreitet. Als Mann mit Tradition richtet er seine Wohnung altdeutsch ein, gemischt mit modernstem Design. Er geht meilenweit für irgend etwas Rauchbares und futtert pfundweise Karotin, um die nötige Kolonialbräune zur Schau stellen zu können. Er hat eine – meist ungeheuer blonde – Hauptfrau und beliebig viele Nebenfrauen, denen er teure Appartements einzurichten trachtet. Ganz hübsch eklig, wie?

Potenz mit Kilowatt verwechselt **der Rallyefahrer**, der Mann mit dem Ford Mallorca, der zwar nie einen Rallyekurs gesehen hat, aber Rallyestreifen, Spoiler, Schweller, Bürzel, Verblender und Aufkleber aller Art trägt. Was wundert es, daß das Auto unter der Last der Extras keine rechte Leistung zeigen kann. Aber was macht's – ihn stört es nicht. Hauptsache, es sieht geil aus. Er träumt davon, seine Braut mit seinem Traumauto aus Ostfriesland zu holen, wo sie noch nie so 'ne scharfe Karre gesehen haben, oder von der ganz großen Schau als Geisterfahrer.

Noch unerträglicher ist **der Karrieretyp**, der Mann, der es wider alle Erwartungen zu etwas gebracht hat und es nicht lassen kann, ständig darauf hinzuweisen. Er beginnt Gespräche mit dem Satz »Wenn du erst mal so weit bist wie ich . . .« und trägt Maßanzüge, deren linker Arm etwas kürzer zugeschnitten wurde – damit seine Original Prolex zur Geltung kommt. Seine Ehefrau wechselt er jeweils passend zur neuen Position.

Das Urviech strotzt vor vitaler Männlichkeit und ist unausstehlich laut, offen und rücksichtslos. Vor versammelten Ehefrauen protzt er mit gemeinsamen Sexabenteuern der Herren, rülpst in der Oper und furzt auf der Dinnerparty. Dabei findet er sich selbst jungenhaft-spontan und entwaffnend natürlich. Bloß – es hassen ihn alle.

Mit noch mehr Haß überhäuft wird **der Energiebolzen**, die Variante des Karrieretypen, die zu allem Unglück auch noch ihre Umwelt in Mitleidenschaft zieht. Kaum betritt er die Firma, werden alle von dem hektischen Gefühl befallen, es auch zu etwas bringen zu müssen, lassen alles fallen, machen alles falsch oder kaputt. Der Energiebolzen kommt als erster, arbeitet ohne Unterlaß 26 Stunden am Tag und geht als letzter. Wenn er endlich aus der Tür ist, fühlen sich alle Übriggebliebenen wie ausgebrannte Silvesterkracher.

Nun zu den Spitzentypen des Männerhasses:

Der Besserwisser hält sich für einen Schwerintellektuellen und begnadeten Künstler, schreibt seiner Person eine geradezu unglaubliche Bedeutung zu und mischt sich immer und überall ein, vor allem aber bei Dingen, von denen er überhaupt nichts versteht. Er und eine verwandte Spielart des hassenswerten Mannes, **der Alleskönner**, sollen in Amtsstuben, Schulgebäuden und auf den Redaktionsetagen deutscher Verlage und Rundfunk- und Fernsehanstalten immer noch recht häufig vorkommen. Daß er es gelegentlich zu beachtlichem Erfolg im Berufsleben bringen, hängt wohl damit zusammen, daß es normalen Menschen auf Dauer zu lästig ist, sich mit den bockbeinigen Abstrusitäten der Besserwisser auseinanderzusetzen. Statt dessen hassen sie ihn um so stärker. Wenn ein Besserwisser endlich zu Ende doziert hat und erhobenen Hauptes davonstolziert ist, müssen sich alle Zurückgebliebenen mit der flachen Hand vor die Stirn schlagen und »Mein Gott!« ausstoßen. Im Gegensatz zu den meisten anderen hier aufgezählten Männertypen gibt es den Besserwisser und den Alleskönner auch in weiblicher Spielart.

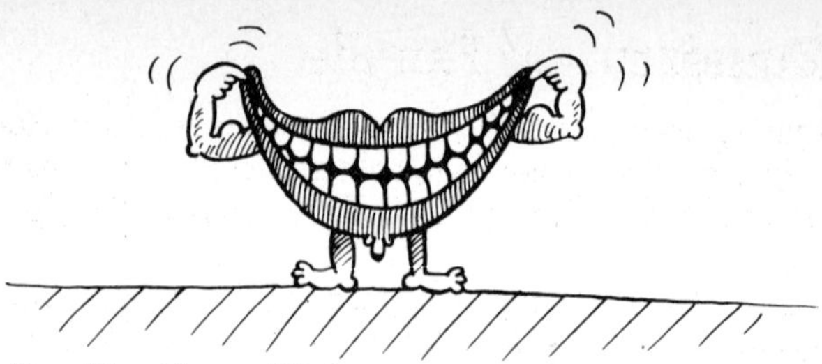

Der Unwiderstehliche zeigt 24 Stunden am Tag sein Botteram-Grinsen und ist genauso lange davon überzeugt, die Welt würde ihm zu Füßen liegen. Mißerfolge nimmt er nicht zur Kenntnis, Erfolg ist selbstverständlich, alle positiven Ergebnisse im Umkreis von 500 Kilometer in allen Branchen und Lebensbereichen schreibt er sich zu. Er hat so viel Erfolg auch bei Frauen, daß er eigentlich schon an Rückenmarksschwindsucht gestorben sein müßte. Wenn er sich endlich aus dem Staube macht, fühlen sich alle Zurückgebliebenen wie ausgelutschtes Eis am Stiel.

Der Mann mit Prinzipien nervt alle, weil alle immer alles verkehrt machen – nur er nicht. Er hat seine festen, unumstößlichen Regeln und Gesetze, die er allen anderen Menschen ganztägig erklären muß. Was wundert's, daß ihn alle hassen. Sogar sein Hund pinkelt ihm ans Hosenbein, weil er es nicht mehr hören kann, daß er nicht in den Vorgarten des Nachbarn pinkeln soll, weil das ein wohlerzogener Hund nicht tut.

Sicher, liebe Leser, werden Sie noch andere unausstehliche, häßliche Männer kennen. Es würde allerdings den Rahmen dieses Buches sprengen, hier noch mehr ins Detail zu gehen. Die häßlichen Männer vor Ihrer Tür müssen Sie entweder in eines der hier angebotenen Klischees pressen – oder sie gefälligst allein hassen. Aber das macht doch auch Spaß.

Männer in der Familie

Wenn es auch meist nicht hinaus vor die Tür des Hauses dringt: Irgendwo hinter dem heimischen Herd gibt es Männerhaß zuhauf. Oder er wird täglich unter den Teppich gekehrt.

Die Objekte familiären Männerhasses sind Brüder, treusorgende Gatten und Väter – und allen brandet ein gerüttelt Maß an Haß entgegen.

Brüderchen und **Schwesterchen** streiten sich, seit sie stehen können, um das Privileg, als erster auf den Topf zu dürfen, wobei das stärkere Brüderchen sich meist durchsetzt und Schwesterchen das erste Mal und mit lebenslangen Nachwirkungen auf den Weg des Männerhasses schickt. Auch in späteren Jahren gibt Brüderchen der lieben Schwester ständig neuen Anlaß zum Haß: Er führt mit Schere und Stricknadeln Vivisektionen am schwesterlichen Teddybär durch, frißt ihr jeden Sonntag die Portion Pudding weg, wenn sie nicht aufpaßt wie ein Schießhund, und schließlich entführt er ihr noch den ersten kindlichen Geliebten, indem Brüderchen ihn in die homosexuelle Phase und somit zu gemeinsamem Weitpinkeln lockt. Dafür verpetzt sie den so gehaßten Bruder, wenn er heimlich Papas Pornosammlung neu sortiert hat oder im Keller an der Fla-

sche mit Aufgesetztem war. Ein schöner, inniger Haß auf beiden Seiten, der eine solide Grundlage für das Leben als Erwachsene liefert.

Gatte und **Gattin**, an sich ja in Liebe miteinander verbunden, könnte man denken, bemerken schon kurz nach der Hochzeit die wahre Grundlage ihrer Verbindung: Haß. Vor allem sie stellt fest, daß der Göttergatte, der sie so hübsch umbalzt und beworben hat, aus ganz anderem Holz ist. Kaum sind die Hochzeitsgäste aus dem Haus, streift er schon die Asche seiner Zigarette in die Vase ab, die ihre Mutter (!) ihnen zur Hochzeit geschenkt hat. Er trägt plötzlich offen Sockenhalter, kratzt sich nachts unentwegt an den merkwürdigsten Stellen und furzt in der Badewanne. Träume vom Märchenprinzen zerbrechen schon in der ersten Woche, was er meist nicht einmal bemerkt, das Ekel, und zurück bleibt – na, was schon – ein gediegener Männerhaß. Im Regelfall lebenslänglich – wenn nicht die Scheidung sie scheidet.

Die Krone familiärer Männlichkeit stellt **Vati** dar. Nur kein Irrtum – Vati ist nicht der geliebte Vater seiner Kinder, das große Vorbild und allen Stürmen des Lebens gewachsen. Vati ist oft gar nicht Vater, und zu Vati ernennt er sich meist selber. Vati schlurft im Bademantel durch die Wohnung, die offene Bierflasche in der Hand, und gibt Vati-Sätze von sich:

»Jetzt legt Vati sich erst mal 'ne Stunde aufs Ohr!«

»Laß das mal den Vati machen!«

»Nun tut sich Vati die Dose Ölsardinen rein, und dann gießt er sich richtig schön einen hinter die Binde.«

Vati ist nicht nur leger gekleidet, er ist auch geistig ständig auf Latschen. Und im Unterhemd. Außer sich selbst gefällt Vati eigentlich niemandem. Wie auch. Er ist das Ebenbild des Schlaffsacks und Spießers, gemütlich bis zum Koma, betulich bis zum Stupor. Aber er, er findet sich selbst eigentlich ganz nett. Auch, wenn er von 9.00 Uhr bis Mitternacht vor der Glotze liegt. Alle anderen Mitglieder der Familie hassen ihn aus tiefsten Herzen. Die Kinder (falls er welche hat), weil sie (oh Macht der Vererbung!) selbst so werden könnten wie er (und oft auch so werden). Seine Frau, weil er in jeder Hinsicht voll abgekabelt und stillgelegt ist. Selbst der Hund haßt ihn. Wo kann er sich mit so einem Penner von Herrchen schon sehenlassen? Womit auch der erste Fall von Männerhaß in der Welt des Haustieres benannt ist.

Schutzmaßnahmen gegen Männer

Hier müssen Männerhasserinnen und -hasser unterschiedliche Strategien anwenden. Das liegt an der jeweils andersartigen Interessenlage der richtigen Männer, deren Ansinnen wirksam ein Riegel vorgeschoben werden muß. Sind richtige Männer hinter Frauen her, versteht es sich von selbst, daß antisexuelle Strategien zur Anwendung kommen müssen.

Streben allerdings richtige Männer nach Männergesellschaft, ist ihnen nicht so einfach beizukommen. Die eher komplexe Interessenlage verlangt hier nach einem Breitband-Antimaskulinum.

Aber sehen wir uns einige Einzelfälle an.

Wie ein Herrenabend ins Wasser fällt

Vier ihrer liebsten Arbeitskollegen, alles handverlesene Männer von rechtem Schrot und Korn, haben sich bei Ihnen, Ihrem lieben Kollegen, zum Herrenabend eingeladen. Männer sind so. Sie laden sich einfach ein. Wenn Sie ihnen ganz offen absagen, ist das Betriebsklima zumindest für die nächsten Wochen nachhaltig gestört. Halten Sie also Ihre Einladung – zum Schein, versteht sich – aufrecht. Verabschieden Sie sich im Büro ruhig schulterklopfend, und preisen Sie die Vorzüge des kollektiven Sturztrunks und des radikalmaskulinen Herrenwitzes in den höchsten Tönen, etwa: »Dann bis um acht, ihr Säcke! Hab' schon 'ne Batterie Kornflaschen auf Eis gelegt!«

Zu Hause angekommen, sollten Sie allerdings einige Vorbereitungen treffen, die den drohenden Herrenabend in seiner Dauer begrenzen.

1. Legen Sie den Kühlschrank lahm

Schon ein kleiner Eingriff am Thermostaten oder sonstwo bewirkt, daß alles Bier und jede Flasche Schnaps im Hause lauwarm serviert werden müssen. Das kühlt die Gemüter gleich zu Beginn ab. Selbstverständlich entschuldigen Sie sich für das defekte Gerät, gießen aber ständig lauwarmes Bier nach (in der Nähe der Heizung lagern!).

2. Sorgen Sie für den richtigen akustischen Hintergrund

Ein Tonband oder Kassettenrecorder ersetzt Ihnen fehlende Familienatmosphäre mit Leichtigkeit. Kassetten oder Bänder mit Babygeschrei, jaulenden Hunden oder Geschirrklappern dämpfen die Laune gleich in den ersten Minuten. Eine freundliche Bitte (»Ach, seid doch bitte noch etwas leise, die Kleine schläft noch nicht«) reduziert die Konversation auf ein minimales Maß. Sollte dennoch grölende

Sangeslaune aufkommen, weiß ihr Helfer im Nebenzimmer, was zu tun ist: Ein Dreh am Lautstärkeregler, und das – fiktive – Baby ruft die Herren zur Ordnung. Oder der treue vierbeinige Hausgefährte tut kund, daß er unter kritischem Harndrang leidet. Sie reagieren richtig (»Ach, laßt euch nicht stören, ich geh' nur mal rasch mit dem Hund raus«), und selbst hartnäckige Skat- oder Doppelkopfrunden büßen den letzten Rest an »Gemütlichkeit« ein. Für den Fall, daß Ihre lieben Kollegen trotz mieser Bedienung (Reichen Sie versalzene Schmalzbrote zum warmen Bier – oder noch besser gar nichts) am Platze verharren, fahren Sie schweres Geschütz auf.

3. Mutter kommt zu Besuch

Sollte Ihre eigene Mutter oder Schwiegermutter nicht greifbar sein, bitten Sie einfach eine geeignete Nachbarin um Hilfe, oder mieten Sie eine Mutter oder Schwiegermutter im naheliegenden Altenheim. Die Damen und Herren dort sind für jede Abwechslung dankbar. Verabreden Sie ein Stichwort oder ein Klopfzeichen, bei dem Ihre »Mutter« an der Tür klingelt. Geeignet ist auch die unvermeidliche Stelle im Verlauf der Konversation, wenn der erste Herrenwitz seiner Pointe zusteuert. Gerade, wenn Ihr

lieber Kollege erzählt: ». . . und dann sagte der Pfarrer zu dem Freudenmädchen . . .«, geht die Türglocke. Sie ziehen die eingeübten Begrüßungsformeln ab, etwa:

»Mutter, du?«

»Ja, mein Junge, freust du dich denn gar nicht?«

»Och . . .«

»Ich war gerade in der Nähe, und da dachte ich mir, ich schau mal eben bei meinem Jungen rein und bleibe gleich ein paar Wochen . . .«

»Aber Mutter . . .«

»Laßt euch nur nicht stören, . . . guten Abend die Herren! Spielen Sie ruhig weiter Schwarzer Peter. Und vielleicht möchte der Herr . . ., wie sagten Sie, war doch Ihr Name, die Geschichte von dem Pfarrer und dem Freudenfest zu Ende erzählen . . .«

Spätestens jetzt geben auch hartgesottene Männer auf. Mit einem rettenden »Ach, wir wollten sowieso gerade gehen« auf den Lippen, werden Ihre Gäste fluchtartig ins nächstbeste Lokal fliehen und sich dort, Sie, ihren armen Arbeitskollegen, beklagend, einen hinter die Binde gießen.

Sie verabschieden sich nur noch von Ihrer netten mütterlichen Hilfskraft und können den Rest des Abends bei Musik oder einem guten Buch verbringen.

Wie die Sache mit dem Pfarrer und dem Freudenmädchen ausging, wollen Sie wissen. Ja, also, der Pfarrer sagte ... Wie war das noch gleich ...?

Ach, wissen Sie was? Laden sie doch einfach ein paar Kollegen zu einem Herrenabend ein. Vielleicht kennt einer das Ende der Geschichte.

Sportschau-Horror – und wie man ihn vermeidet

An Samstag- und Sonntagabenden, jeweils zu den in Programmzeitschriften ausgedruckten Terminen, packt richtige Männer ein schier unstillbares Verlangen, sich vor die Braunsche Röhre ihres Farbfernsehers zu setzen und den sportlichen Höchstleistungen anderer Männer atemlos zuzuschauen. Dabei geben richtige Männer Laute und Geräusche von sich, gelegentlich auch Wortfetzen und Satzbruchstücke, die Uneingeweihten in der Regel völlig unverständlich sind (». . . Grabownik, diese Pflaume, das soll 'n Trainer sein, diese Knalltüte!«).

Nun kann ja jeder seine Abende gestalten wie er will. Manche Männer aber zieht es zu den betreffenden Terminen in die Gesellschaft ihresgleichen, und so klingeln sie, einen Kasten Bier im Schlepp, einfach mal beim Nachbarn an und fragen nach, ob sie nicht zusammen die Bundesligaergebnisse . . . Wenn Sie nun den Fehler machen, im Interesse nachbarlicher Harmonie Einlaß zu gewähren, werden Sie das zutiefst bereuen. Richtige Männer sind da gnadenlos. Rechnen Sie damit, daß Ihr lieber Nachbar während der Sendung mit den Füßen Löcher in Ihre Auslegeware scharrt, seine Zigaretten in der Erregung auf der Ledergarnitur ausdrückt, Fähnchen und Wimpel schwenkt,

Kracher abbrennt und Ihre Familienangehörigen würgt, weil sie den Mittelstürmer seiner Lieblingsmannschaft nicht kennen. Besonders unangenehm an diesen Ereignissen ist, daß sie sich nun allwöchentlich wiederholen, wenn Sie nicht wirksame Gegenmaßnahmen ergreifen. Meist eskaliert die Situation sogar, weil Ihr lieber Nachbar beim nächsten Mal ein paar Freunde aus seinem Fanclub mitbringt. Da hilft nur massive Gegenwehr.

Versuchen Sie es gar nicht erst mit Ausreden (»Wissen Sie, wir geben heute eine kleine Abendgesellschaft, da paßt es vielleicht nicht so ganz . . .«); richtige Männer sind für so etwas völlig unempfindlich (»Ach was, das stört mich doch nicht, Sie haben ja zwei Zimmer!«). Auch so zu tun, als wären Sie nicht da, hat keinen Sinn: Ihr Nachbar wacht von Freitagmittag an mit Argusaugen über jeden Ihrer Schritte, so wichtig ist ihm der Termin vor der Mattscheibe.

Einziger Ausweg: ein defekter Fernseher. Einen Defekt vorzutäuschen, bringt nichts; Männer, die die Sportschau sehen wollen, durchschauen so etwas in wenigen Sekunden und bringen das Gerät sofort wieder in Gang. Einzig ein vom Fachmann installierter Unterbrechungsschalter im Netz- oder Antennenkabel soll gelegentlich helfen. Es darf sich nichts rühren, auch Reparaturversuche mit der Faust (am Gerätegehäuse) dürfen nicht zum Erfolg führen. Vielleicht läßt Ihr Nachbar nach einigen Reparaturbrutalitäten in dieser Art von Ihnen und Ihrem Gerät ab und beehrt einen anderen Hausbewohner. Ihren Fernseher werden Sie jedenfalls auf den Müll werfen können. Was beim derzeit ständig abflachenden Programmangebot aber ohnehin anstand.

Wie Frauen sich richtige Männer vom Halse halten

Richtige Männer glauben, Frauen wären ganz wild auf sie. Sie würden gerade das Animalische, Urtümliche, Ungeschlachte an ihnen lieben. Mag sein, daß eine Frau gelegentlich ein begeistertes »Ach, welch ein Mann!« haucht, wenn er sie vor einer Herde wilder Büffel rettet, indem er sie zu sich aufs Pferd reißt und mit ihr gerade noch recht-

zeitig davongaloppiert. Oder wenn er sie mit rabiaten Fausthieben eben noch aus dem Kochtopf einer Horde von Menschenfressern befreit.

Da aber wilde Büffel und Menschenfresser in westdeutschen Großstädten und auch anderswo immer seltener werden (vermutlich, weil ihnen immer mehr richtige Männer nachstellen), und das Animalische, Urtümliche und Ungeschlachte an Männern in der Firma, in der Straßenbahn, in der Oper oder beim Bezirksparteitag meist etwas deplaziert wirkt, wollen Frauen richtige Männer meist lieber auf Abstand halten.

Besonders die sexuellen Nachstellungen richtiger Männer können, wenn sie z. B. in der Großstadt recht gehäuft auftreten, ganz schön lästig sein. Eine moderne Frau sollte daher über eine Reihe von Techniken und Strategien verfügen, sich richtig wilde Männer vom Hals zu halten. Wenn vielleicht doch einmal ein interessanter Typ unter den Bewerbern und Freiern ist, kann sie ja immer noch alles vergessen und ihm einfach um den Hals fallen.

Hier Tricks für den Umgang mit Männern, meine Damen. Beginnen wir mit eher konservativen Verfahren:

Mein Mann ist Preisboxer!

Diese Drohung wirkt nur noch bei ängstlichen Naturen (aber immerhin), da im Zeitalter des Freizeitsports die meisten Männer einer solchen Bemerkung etwas entgegenzusetzen haben (»Und ich kann Karate!« [Mikado, Basic, Tai Chi]).

Mein Mann ist Polizist!

Im Zeitalter der zunehmenden Parkraumnot eine furchtbare Drohung. Wenn einen der gehörnte Gatte erst mal auf dem Kieker hat, ist man rettungslos verloren, weil es legale Parkplätze gar nicht mehr gibt. Er zahlt einem die widerrechtliche Annäherung an seine Gattin per Strafmandat zurück, und das gleich in Serie!

Mein Mann ist bei der Steuerfahndung!

Die schlimmste der zur Verfügung stehenden Drohungen mit dem Gatten. Wen das Finanzamt erst mal im Auge hat, dem ist nicht mehr zu helfen.

Sollten Sie als emanzipierte Frau nicht auf die abschreckende Wirkung Ihres Gatten oder fiktiver Männer zurückgreifen wollen, bieten sich eine Reihe von maskulinophoben Rollenbildern, die moderne Frauen mit Erfolg anwenden. Hier eine Auswahl:

Treiben Sie es schrill!

Verlassen Sie unverzüglich den Rahmen der Normalität. Wählen Sie Ihre Kleidung, Ihre Haartracht und Ihre Kosmetik so, daß Ihre eigene Mutter Sie nicht wiedererkennt – und vor allem – nicht kennen will.

Tragen Sie getigerte Socken zum Schlafrock Ihres Großvaters, unter dem das Fischbeinkorsett Ihrer Großtante hervorblitzt. Gegen die Witterung wählen Sie einen übergroßen Spätaussiedlermantel aus den Sechzigern, dessen clochardhafte Ausstrahlung angenehm zu Ihrem Astro-Make-up aus den späten Jahren des 21. Jahrhunderts kontrastiert. Vielleicht wird den einen oder anderen Mann Ihr exotisches Aussehen reizen – aber schon im zweiten Gedankengang wird er sich geistig vor Augen führen, wie Sie und Ihre Aufmachung ihn bei der Gartenparty seines Abteilungsleiters kompromittieren.

So geil er Sie findet – das ist ihm zu heikel.

Wenn Sie diesen Weg wählen wollen, um sich richtige

Männer vom Halse zu halten, müssen Sie aber auf jeden Fall ein waches Auge am Puls der Zeit haben: Wenn Ihr Outfit versehentlich mit dem einer Rock- oder Popgröße korrelliert, die gerade en vogue ist, werden Sie sich vor Angeboten von männlicher Seite nicht mehr retten können. Also – immer hübsch abseitig bleiben.

Machen Sie auf mondän!

Wenn Sie ohne die dümmlichen Nachstellungen stieläugiger Männer einen netten Abend unter Menschen genießen wollen, sollten Sie zu einer Rolle greifen, die Sie als Frau unerreichbar und unnahbar macht. Mit bescheidenem finanziellem Aufwand sind Sie all die weibstollen Kerle los – und können den Duft der großen weiten Welt genießen.

Mieten Sie zunächst einen Rolls-Royce (ein Silver Shadow tut es), verkleiden Sie daraufhin eine männliche (oder besser weniger männliche) Hilfskraft als Butler. Da Sie Ihr ganzes Geld beim Autoverleih gelassen haben dürften, müssen wir bei der Garderobe ein wenig improvisieren.

Wickeln Sie sich in die langen Stores aus dem Schlafzimmer – fertig ist das bodenlange Abendkleid, das Ihnen eine Freundin mit der Heckenschere gern bis übers Knie aufschlitzen wird. Ein Trinkhalm aus einem großen Fast-Food-Restaurant ersetzt die Zigarettenspitze aus Jade; rauchen können Sie getrost Ihre Selbstgedrehten. Lassen Sie sich nun ins RITZ chauffieren (ach ja, die fast echte Perlenkette aus der KAUFHÖLLE nicht vergessen!), schreiten Sie lächelnd zur Bar und bestellen Sie für Ihren letzten Fünfziger (wohlgemerkt: Fünfzigmarkschein!) einen Drink. Augenblicklich wirkt Ihr geschicktes Theaterspiel: Die Männer, die Sie sich vom Halse halten wollten, erleiden schon einen schwerwiegenden Ego-Einbruch, wenn sie Sie überhaupt zu Gesicht bekommen. Die Herren der Schöpfung denken an ihr überzogenes Bankkonto, resignieren augenblicklich und werden vermutlich impotent. Die Männer, die Sie trotz Ihrer Show anzusprechen wagen, sollten Sie sich vielleicht einmal näher ansehen. Es könnte der eine oder andere darunter sein, den Sie sich möglicherweise nicht vom Halse halten wollen. Nur – achten Sie darauf, daß diese Herren **Sie** nicht allzu genau unter die Lupe nehmen; das könnte unangenehm enden.

Machen Sie auf unscheinbar!

Gehen Sie grundsätzlich nur im Kittel auf die Straße, tragen Sie stets Lockenwickler, Pantoffeln und eine Schürze. Vermeiden Sie Schminke, und brechen Sie das Verhältnis zu Ihrem Friseur ab (Oha, ins Fettnäpfchen . . .). Tragen Sie auch zu fröhlichen Anlässen immer mausgrau, und vermeiden Sie auch sonst jedes Aufsehen um Ihre Person.

Wählen Sie fürs Schwimmbad Sackmode, und – wenn Sie ganz sicher gehen wollen – schwärzen Sie sich jeden

Morgen das Gesicht mit Asche aus dem Herd. Wenn Sie keinen mehr haben, tut es auch der Staub zwischen den Rippen der Zentralheizung. Wenn Sie alles so und nicht anders machen, wird sich kein Mann mehr für Sie interessieren. Millionen von Frauen machen es so – und: es funktioniert großartig. Für die Männer sind Sie einfach Luft, niemand belästigt Sie. Ist das nicht großartig?

Werden Sie aktiv in der Frauenbewegung!

Nichts schreckt echte Männer mehr ab als Frauen, die frauenbewegt sind. Kaum sehen sie lila, fürchten sie schon um ihre Männlichkeit und gehen in Verteidigungsposition. Argumente über die biologischen Ursachen der Geschlechterrollen werden hervorgekramt wie Kerzenstummel. Rückzugsgefechte gefochten, die Hoffnung auf ein Abenteuer begraben. Weil . . ., die (Frauen aus der Frauenbewegung) sind ja sowieso alle lesbisch. Männer, die diese harte Prüfung ihres männlichen Selbstbewußtseins unbeschadet überstehen, ohne Reißaus zu nehmen, sollten Sie auf jeden Fall näher kennenlernen. Es besteht keine Gefahr. Weil . . . (So sehen das richtige Männer) die (Männer, die keine Angst vor der Frauenbewegung haben) sind ja sowieso alles schwule Softis.

Treiben sie es arg!

Diese Strategie der Abschreckung ist neu, aber zunehmend wirksam. Treiben Sie es ganz wüst, zumindest verbal. Erklären Sie unverhohlen, daß Sie auf freier Liebe stünden. Berichten Sie regelmäßig über heiße Liebesnächte, am besten mit einem von diesen netten Jungs, die's auch miteinander tun . . . Nach anfänglichem großem Engagement werden Sie förmlich sehen können, wie der Groschen fällt. **Das** kann **er** sich ja nun nicht erlauben. Wenn **er** es wild treibt – na gut, Männer brauchen das. Aber Sie? Da muß man ja Angst um seine Gesundheit haben! Nein, danke!

Die besten Methoden, Männer loszuwerden

Ganz oder zumindest zeitweise ohne Männer zu sein, ist das Bestreben jeder Männerhasserin (und auch jeden Männerhassers). Da es besonders die Frauen sind, die unter richtigen Männern zu leiden haben, sollen hier vornehmlich Ratschläge geboten werden, die dem weiblichen Geschlecht Freiheit und Luft zum Atmen bringen – bis **er** wieder da ist. Dabei beziehen wir uns auf unterschiedliche Situationen und Verwicklungen – bis hin zur Ehe –, in die Männer und Frauen kommen können.

Wenn Sie, liebe Männerhasser und Männerhasserinnen, unsere Ratschläge genau befolgen, wünschen wir ihnen viel Vergnügen — ganz ohne Männer.

Stürzen Sie ihn in eine Affäre!

Ihnen geht Ihr Mann auf den Geist, meine Dame? Kein Problem, Männer sind – wie wir schon gesehen haben – simpel strukturiert und leicht zu manipulieren. Das machen Sie sich jetzt zunutze. Mit etwas Geschick und Phantasie ist es nicht schwierig, ihn in eine Liebesaffäre zu verwickeln.

Suchen Sie zunächst eine Ihrer Freundinnen aus, der Sie gern etwas antun wollen (Das wird Ihnen sicher nicht schwerfallen). Schreiben Sie **ihm** in ihrem Namen einen kurzen, aber heißen Liebesbrief, etwa:

Walter,
Du bist echt der allerschärfste Mann, den ich in dieser miesen Kleinstadt kenne. Können wir uns nicht mal treffen?

Deine Sabine

Nur keine Angst. Sie können ruhig noch viel dicker auftragen, Schmeicheleien gehen Männern runter wie Butter. Er wird Ihrer Freundin unverzüglich antworten, z. B.:

Sabine,
wer hätte gedacht, daß so ganz in meiner Nähe eine solche Blume von Frau nur darauf wartet, gepflückt zu werden. Wann sehen wir uns?

Dein Walter

Sicher, er schreibt abgrundtief schlecht, aber nur keine Angst, er könnte ruhig noch viel dicker auftragen. Schmeicheleien gehen Frauen runter wie Butter.

Jetzt gilt es nur noch, ihn aufmerksam im Auge zu behalten. Beobachten Sie argwöhnisch jede seiner Aktivitäten. Sollte er sich irgendwann verabschieden, um zu einer außerordentlichen Sitzung seines Halma-Clubs zu gehen – folgen Sie ihm. Er wird zur Wohnung Ihrer heißgeliebten Freundin oder ins Hotel Hora streben. Da erwischen Sie ihn in flagranti mit ihr, und die Sache ist geritzt. Den wären Sie los. Wenn Sie nicht die Eifersucht packt. Aber Sie wollten ihn doch so gern los sein, oder?

Das Kaffeekränzchen

Kegelabende, Vatertagsspaziergänge und Betriebsausflüge sind exterritoriales Gebiet, was den Kampf der Geschlechter angeht. In diese Kategorie von Ereignissen gehört auch das Kaffeekränzchen. Spätestens, wenn er einmal die anregende Unterhaltung unter Frauen miterlebt hat, wird jeder richtige Mann akzeptieren, daß Männer auf Kaffeekränzchen fehl am Platze sind. Was Sie, meine Damen, dann ohne männliche Begleitung tun, bleibt Ihnen überlassen. Es soll auch Kaffeekränzchen geben, die Kaffee trinken. Andere Frauenzirkel dieser Art verwenden sich gegenseitig als Rückversicherung für Abenteuer, die die Partner ihren treuen Partnerinnen gar nicht zutrauen würden.

Wenn Sie Ihren Abend bei der Volkshochschule gleich im Anschluß an Ihre allwöchentliche Kaffeetafel terminieren, gehört der Tag Ihnen ganz und gar. Was richtige Männer in der Zeit tun, in der sie ihre Frauen am Kaffeetisch vermuten – na ja, es soll auch einige geben, die zu Hause vor dem Fernseher versauern.

Brennen Sie mit einem Liebhaber durch!

Diese romantische, aber recht fragwürdige Methode sollten Sie nur anwenden, wenn Sie sich deutlich verbessern können; sonst treiben Sie den Teufel mit Beelzebub aus: Liebhaber sind meist auch Männer. Prüfen Sie also sorgfältig, bevor Sie Ihre Einwilligung zu einer Flucht bei Nacht und Nebel geben.

Ach so, es hapert an einem Liebhaber . . . Befassen Sie sich einfach mal eine Weile mit diesem Thema, dann – Sie werden sehen – findet sich schon einer. Achten Sie darauf, daß der Herr Ihrer Wahl kein ungeschickter Volltrottel ist und versehentlich die Alarmanlage auslöst oder sich von Ihrem Hund beißen läßt. Nein, nicht aus Mitleid mit dem Herrn sollen Sie vorsichtig sein; Ihr Gatte oder Partner könnte sonst aufwachen. Machen Sie sich also leise und klammheimlich aus dem Staube.

Wohin die Reise gehen soll? Das hängt von Ihren und den Möglichkeiten Ihres Fluchtbegleiters ab. Kalifornien oder die Sandwich-Inseln wären kein schlechtes Reiseziel. Aber der Schwarzwald oder Norderney tun es auch. Geben Sie sich da nur keine allzu große Mühe. Entweder ist nach vier Wochen Ihr Geld alle, oder Sie stellen fest, daß Sie vom Regen in die Traufe geraten sind. Aber nur nicht verzagen, kein Problem! Sie haben ja die Masche unterdessen ganz gut drauf. Brennen Sie doch einfach mit einem neuen Liebhaber durch. Und wenn der es nicht mehr tut – Männer gibt es wie Sand am Meer.

Wie, das bringt nichts, finden Sie? Zugegeben, das haben wir uns auch schon gedacht. Aber versucht wird es doch immer wieder. Und dann muß doch was dran sein . . .

Stecken Sie ihm ein Ziel!

Männer streben nach Höherem. Kein Berg ist ihnen zu hoch, kein Weg zu weit, kein . . . Ach, Sie wissen schon, Sie haben ja vermutlich das Kapitel »Männer sind größenwahnsinnig« gelesen. Wenn nicht, geben wir Ihnen den guten Rat, das schleunigst nachzuholen. Blättern Sie also zurück auf S. 28 und bilden Sie sich weiter.

Gut, jetzt wissen Sie Bescheid. Und eigentlich müßte Ihnen jetzt auch schon völlig klar sein, wie Sie einen echten Mann – zumindest auf Zeit – außer Gefecht setzen können.

Stecken Sie ihm ein Ziel. Dabei gehen Sie aber nicht einfach auf die plumpe und direkte Art vor. Auf Sätze wie »Sag mal, Heinz-Eberhardt, könntest du nicht mal den Montblanc besteigen?« reagieren echte Männer höchstens mit einem trockenem Kommentar (»Sonst noch was, Alte?«). Nein, selbstverständlich packen Sie ihn bei seiner Mannesehre.

Stellen Sie schlicht und einfach seine Potenz in Zweifel. Das Gespräch könnte etwa den folgenden Verlauf nehmen:

Sie: »Du, Günter, da ist einer zu Fuß von Flensburg nach Ascona gelaufen und hat dabei ausschließlich von Würstchen und Doppelkorn gelebt . . .«

Er: »Na und? Kleinigkeit!«

Sie: »Und geschlafen hat er auf der blanken Leitplanke! Find' ich richtig gut!«

Er: »Was? Damals beim Bund haben wir . . .«

Sie: »Und sein einziger Begleiter war der BILD-Reporter, der die ganze Sache inszeniert hat!«

Er: »Was? Da war auch noch einer mit bei? Das mach' ich alleine. Und nur mit Doppelkorn. Die Würstchen kannste vergessen!«

Sie: »Das würdest du tun?«

Er: »Aber immer! Mit links!«

Sie: »Ach, Günter, mach doch mal . . .!«

Sie werden verstehen, daß Günter jetzt nicht mehr zurück kam. Er latscht sich die Hacken ab, sie hat ihre Ruhe. Ob er den Wahnsinnsmarsch, auf den er sich da eingelassen hat, auch tatsächlich durchsteht, ist noch offen. Es gibt zwei Möglichkeiten.

1. Er schafft es (zwar knapp und mit Leberschaden, aber immerhin). Dann war er drei Monate unterwegs, in denen sie ihn vom Hals hatte. Und er braucht mindestens drei

weitere, bis er wieder halbwegs bei Kräften ist. Von dem Honorar für seinen Reisebericht »Im Tran nach Ascona« in der Zeitschrift QUICKY kann sie sich dann einen schicken neuen Pelzmantel leisten.

2. Er schafft es nicht. Vielleicht sind unterwegs die Doppelkorn-Wogen über ihm zusammengeschlagen, vielleicht verließen ihn seine Kräfte, als er von der Leitplanke fiel – auf einer Brücke der Tauern-Autobahn. Jedenfalls ist sie ihn los. Zurückkommen und zugeben, daß er aufgegeben hat, das würde er nicht. Das verstieße gegen seine Mannesehre. Und Sie, das werden Sie sicher bestätigen, liebe Leserin, würden ihm die Geschichte zeitlebens aufs Brot schmieren. Also macht er die Biege. Und das wollten Sie ja.

Bei der Auswahl der individuellen Zielsetzungen müssen Sie Ihr Einfühlungsvermögen und Ihre weibliche Intuition spielen lassen. Irgendwie kriegen Sie jeden echten Mann an den Start. Achten Sie nur darauf, daß er zu weit entfernten Zielen aufbricht und, wenn möglich, gleich noch ein paar Gefährten mitnimmt. Je weiter, desto besser. Was glauben Sie, wie unsere tapferen Wissenschafts-Astronauten der Weltraum-Mission D 1 auf diese Schnapsidee gekommen sind . . .

Schmeißen Sie ihn einfach raus!

Zugegeben, nicht die feine englische Art, aber damit hat er es doch auch nie so genau genommen. Eines Tages – der Tag ist sicher nicht mehr fern – nehmen Sie ihn einfach am Wickel und setzen ihn vor die Tür. Klar, mit einer gewissen Gegenwehr müssen sie rechnen; Männer sollen ja – zumindest körperlich – stärker sein als Frauen, aber darauf haben Sie sich dann ja sicher vorbereitet. In weiser Voraussicht nämlich haben Sie mit einer Reihe anderer Frauen, die ebenfalls beabsichtigten, ihren Gatten an die Luft zu setzen, einen Kurs in Aikido, Jiu-Jitsu, Karate oder Taekwon-Do belegt und zumindest den braunen, wenn nicht gar den schwarzen Gürtel erworben. Wenn er aufmuckt, kriegt er eine reingesemmelt, die sich gewaschen hat. Oder fliegt im hohen Bogen (mittels angeschnittenem Schulterwurf) ein zweites Mal raus. Sie sind nicht sportlich?

Dann verlassen Sie sich am besten auf die Produkte der deutschen Schloß- und Schlüsselindustrie. Während er mal wieder in der Kneipe mit seinen Saufkumpanen um die Wette protzt, baut Ihnen der Schlüsseldienst das neue Schloß mit siebenfacher Stiftverdrillungssicherung und elektronischer Außenversiegelung ein und: Er steht vor der Tür. Lagern Sie Vorräte für ein, zwei Tage, länger hält er es, besonders im Winter, draußen nicht aus. Vermutlich lassen ihn Ihre Nachbarn eh von der Polizei abholen, wenn er im Hausflur herumbrüllt. Wie, Sie haben Skrupel? Das ehrt Sie, aber . . . was glauben Sie, wie viele Frauen schon von ihren Männern an die Luft gesetzt wurden? Sie ziehen trotzdem sanftere Methoden vor? Auch gut, versuchen wir's extrasanft.

Der ganz sanfte Weg

Sie kennen Herrn Keuner? Ja, richtig, der Herr, der den Agenten der fremden Macht bedienen mußte und das auch schweigend tat, bis der Agent starb. Dann beantwortete Herr Keuner die Frage, die ihm der Agent gleich zu Anfang, als er ins Haus kam, gestellt hatte: Willst du mir dienen? Wie Herr K. antwortete, können Sie sich zumindest denken. Genauso machen Sie es. Millionen von Frauen machen es so. Schweigend warten sie ab, denn sie wissen genau: Frauen haben die höhere Lebenserwartung. Tag für Tag, Jahr für Jahr bedienen sie **ihn** hinten und vorn, räumen seinen Dreck weg, sind ihm zu Willen und scheinen auf den Tag zu warten, an dem sie NEIN! sagen können. Nur das tun sie dann nicht. Weil sie sich unterdessen eigentlich richtig an ihn gewöhnt haben. Pech.

Wie, der Weg ist Ihnen sowieso zu langwierig? Gut, greifen wir zu radikaleren Mitteln.

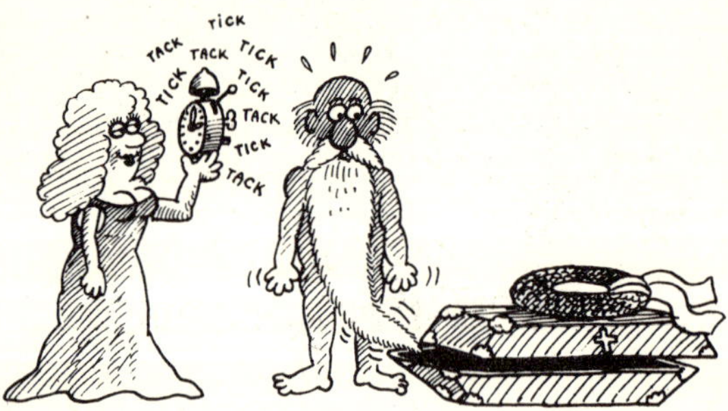

Kochen Sie für ihn!

Sie kennen seine schwachen Stellen am besten. Kalbsrippchen? Eisbein mit Sauerkraut? Nudelauflauf? Schnitzel mit Speckknödeln? Egal, Hauptsache hochkalorisch. Je runder er wird, desto unbeweglicher wird er. Ab zweieinhalb Zentnern läuft er Ihnen nicht mehr hinterher. Wenn er es versucht – Sie sind schneller. Meiden Sie jeden Diätplan, mästen Sie ihn, bis er platzt – niemand wird es Ihnen verübeln. Sie haben schließlich nur mit rührender Hingabe für sein leibliches Wohl gesorgt, wie es Millionen von Frauen für ihre Männer tun. Da haben Sie sich nichts vorzuwerfen. Gegessen hat er schließlich alles allein. Wie alle seine fettleibigen Leidensgenossen auch.

Und wenn Sie es nicht bis zum Knall treiben wollen, schicken Sie ihn zwischendurch immer mal wieder zur Diät ins Kurheim nach Helgoland. Dann sind Sie ihn für ein, zwei Monate los. Hinterher geht alles von vorne los. Er macht's wie der Mond (zunehmend – voll – abnehmend), und Sie haben in jeder Phase Ihre Ruhe.

Das Verwandtschaftskomplott – alle gegen einen

Männer fürchten weder Tod noch Teufel, aber es gibt Dinge zwischen Himmel und Erde, die ihnen den Angstschweiß auf die Stirne treiben: **ihre Verwandten. Sie** als geschickte Männerhasserin weiß das natürlich auszunutzen.

Wenn er nur an einen Besuch ihrer Mutter **denkt,** gerinnt ihm das Bier in der Flasche; die Aussicht auf einen Nachmittag mit Schwiegermutter und drei Schwestern kann ihn auf eine überraschende Geschäftsreise treiben; eine Familienfeier mit all ihren Verwandten mütterlicherseits sowie väterlicherseits läßt ihn, den autoritätsfeindlichen Späthippie, zunächst seinen Konfirmationsanzug, dann doch lieber das Weite suchen.

Was ihn so in den Grundfesten seiner Person verunsichert, wenn er im Kreise ihrer Lieben agieren muß, weiß er selbst nicht so recht. Jedenfalls kneift ihn sein Hemd unter den Achseln, ständig juckt seine Nase, daß er bohren möchte, aber natürlich traut er sich nicht. Immer hat er das Gefühl, sich daneben zu benehmen, fehl am Platz zu sein, unter dem gleißenden Bannstrahl der Schwiegermutter zu einem Häufchen Asche zu verbrennen. Und das ihm, der jedem Verkehrspolizisten offen ins Gesicht blickt und ihn mit »Oberkriminalrat« anredet!

Er bleibt beim Verzehr von Bier und Brötchen weit hinter seinen Höchstleistungen zurück und macht drei Kreuze, wenn die ganze Bande wieder aus dem Haus ist.

Daß sich also eine kleine Verschwörung leicht inszenieren läßt, liegt auf der Hand: Unglücklicherweise ist das Stammhaus ihrer Familie, in der alle Verwandten (außer **ihr**) nach guter alter Sitte hausten, abgebrannt; versteht sich, daß nun alle bei ihr unterkriechen müssen. Es sind ja nur 34 Personen; in drei, vier Monaten zahlt die Versicherung, und in drei, vier Jahren ist alles vergessen. Noch einfacher geht es so: Hat der eine traute Anverwandte eben die Absicht, seinen Besuch zu beenden, trifft es sich, daß er, welch Zufall, dem nächsten die Klinke in die Hand geben kann. Nach Onkel Herbert aus Celle, der immer so komisch hustet, kommt Tante Isolde aus Reutlingen, ihre Pinscherzucht im Gefolge. Vier Prachttiere, sage ich Ihnen. Gerade sind die Kavernen und Gräben, die die edlen Hunde im Garten angelegt haben, wieder ebenerdig aufgefüllt, da trifft Tante Erika mit sechs Kindern ein. Der Garten hat im Nu wieder Ähnlichkeit mit einem Truppenübungsplatz, und die Tante besteht darauf, daß alle vor und nach dem Essen beten – und daß der Pfarrer mitißt. Kaum hat der Gottesdiener samt Tante und Kindern das Schlachtfeld geräumt und einen völlig leeren Kühlschrank und Weinkeller zurückgelassen, tauchte SIE auf, die Schwiegermutter, im Schlepp den senilen Uronkel Oskar, der immer so wüste Schreie ausstößt, und kündigt einen achtwöchigen Aufenthalt an. Spätestens hier sieht der Hausherr kein Land mehr und wählt einen der folgenden Auswege:

a) Er geht in die Fremdenlegion.
b) Er sucht ein psychiatrisches Krankenhaus auf.
c) Er verschwindet auf Nimmerwiedersehen und ohne einen Anhaltspunkt über seinen Aufenthaltsort zu hinterlassen.

Womit sie ihr Ziel erreicht hätte. Wie sie allerdings die Verwandten wieder los wird, die sich sicher ganz gut an das laue Leben gewöhnt haben werden, können wir ihr auch nicht sagen.

Test: Wie stark ist Ihr Männerhaß?

1. Welche der drei Abbildungen löst bei Ihnen Angstschweiß, zittrige Hände und lautes, unkontrolliertes Schmerzstöhnen aus?

a)

b)

c)

☐ a)
☐ b)
☐ c)
☐ alle

2. Eine Firma für Herrenkosmetik möchte ein neues Rasierwasser auf den Markt bringen und sucht nach einem neuen Namen. Welcher der drei Vorschläge gefällt Ihnen am besten?

☐ a) BRUTALIN FORTE
☐ b) AROMA DI COMA
☐ c) AQUA RAZIKAHLE
☐ d) MÄNNERTREU MILD
☐ e) BIBERGAIL EXTRA STARK
☐ f) SCHIMPANSKI DRY

3. Wählen Sie den Mann, der Ihnen am besten gefällt.

a)

b)

c)

d)

☐ a)
☐ b)
☐ c)
☐ d)

4. Wählen Sie die Frau, die Ihnen am besten gefällt.

a)

b)

c)

d)

☐ a)
☐ b)
☐ c)
☐ d)

5. Sie haben einen großen geschäftlichen Erfolg errungen. Welchen Ausruf der Freude halten Sie für angemessen?

☐ a) Horrido! Sau tot, Jäger besoffen!
☐ b) Sackschweiß und Pulverdampf! Das wär geritzt!
☐ c) Profit und Fortschritt! Nieder mit den roten Zahlen!
☐ d) Ächz!
☐ e) Gott sei's gedankt! Das Schicksal ist gewendet!
☐ f) Der Rubel rollt, da hüpft die Mark im Beutel!

6. Sie sind Gastgeberin einer netten Damenrunde oder Gastgeber einer feinsinnigen literarischen Runde. Ein (weiterer) Herr, eigentlich nicht eingeladen, kommt hinzu. Wie möchten Sie, daß er die bereits Anwesenden begrüßt?

☐ a) Na, ihr alten Vetteln? Zerreißt Ihr euch wieder die Mäuler!
☐ b) Weitermachen! Kaffee marsch!
☐ c) Meine Verehrung, meine Damen und Herren!
☐ d) Gnade! Schon wieder dieses bekloppte Kaffeekränzchen! Seid ihr denn noch immer nicht in der Klapsmühle?
☐ e) Ach, die Damen und Herren vom anderen Ufer! Weiter angenehmen Abflug, die Herrschaften!

7. Welches der unten abgebildeten Symbole steht Ihrer Meinung nach für Kraft, Stärke, Energie?

a) b) c) d)

☐ a)
☐ b)
☐ c)
☐ d)

8. Ein Mann steht an einer Tankstelle und knutscht mit der Zapfpistole einer Zapfsäule. Kommt der Tankwart, stemmt die Hände in die Hüften und stößt entrüstet hervor: »Na, sagen Sie mal, ist das denn noch normal?« Antwortet der Knutscher: »Nein. SUPER, mein Bester, der Liter zu 1,48!«

Wie beurteilen Sie diesen Witz?

☐ a) Abgeschmackter Chauvi-Humor der schlimmsten Sorte! Igitt!
☐ b) Ausgetüftelte Psychowerbung für die Energieverschwendung!
☐ c) Diskriminierung sexueller Randgruppen (hier: Benzinophile)!
☐ d) Was soll der Quatsch, da kenn' ich 'n schärferen . . .

Auswertung nächste Seite

Auswertung

Bravo, Sie haben Mut bewiesen und sich diesem Test unterzogen. Nun müssen Sie seinem Ergebnis ins Auge sehen: Bestimmen Sie die Stärke Ihres Männerhasses.

Folgende Punktzahlen bekommen Sie für Ihre Antworten:

1.	a) 0 P.	b) 10 P.	c) 10 P.	d) 5 P.	
2.	a) 0 P.	b) 0 P.	c) 0 P. e) 0 P.	d) 10 P. f) 0 P.	
3.	a) 0 P.	b) 0 P.	c) 0 P.	d) 10 P.	
4.	a) 10 P.	b) 10 P.	c) 0 P.	d) 10 P.	
5.	a) 0 P.	b) 0 P.	c) 5 P. e) 10 P.	d) 10 P. f) 5 P.	
6.	a) 0 P.	b) 0 P.	c) 10 P. e) 0 P.	d) 0 P.	
7.	a) 10 P.	b) 0 P.	c) 10 P.	d) 10 P.	
8.	a) 10 P.	b) 5 P.	c) 5 P.	d) 0 P.	

0–20 P.:

Wir haben eigentlich nicht damit gerechnet, daß richtige Männer freiwillig lesen, schon gar kein Buch. Aber Sie sehen ja selber, daß es nichts gebracht hat: Sie sind der gleiche alte Chauvi wie vorher. Versuchen Sie also nicht weiter, Ihrer Bestimmung zu entgehen, sondern kaufen Sie sich »Das fröhliche Frauenhasser-Buch«. Da haben Sie was zu Lachen (zumindest manchmal), und bei Autoren und Verlag klingeln die Kassen. Also, auf zur nächsten Buchhandlung!

21–40 P.:

Besonders beherzt hassen Sie die Männer nicht. Man(n) könnte sogar glauben, daß Sie sie eigentlich ganz gern mögen. Aber noch ist in Ihrem Falle Hopfen und Malz nicht ganz verloren. Arbeiten sie das Buch noch einmal durch, diskutieren Sie es dann mit einigen Freunden und Bekannten, die es dazu natürlich gelesen haben müssen. Vielleicht schneiden Sie beim nächsten Versuch besser ab.

41–60 P.:

Beachtlich, beachtlich! Männern dürfte es in Ihrem Beisein ganz anders werden. Sie strahlen ganz hübsche Haßwellen aus. Noch zwei, drei negative Erfahrungen mit Männern, vielleicht eine kleine Ehekrise, und Sie gehören zu den Spitzenhassern von Format. Zur Belohnung dürfen Sie noch drei Männerhasser-Bücher kaufen und verschenken!

61–80 P.:

Für Sie war die Lektüre dieses Werkes eigentlich überflüssig. Sie hassen Männer aus den tiefsten Tiefen Ihrer Seele, und das geradezu professionell. Vermutlich hauen Sie, so, wie Sie strukturiert sind, jeden Tag einen anderen richtigen Mann in die Pfanne. Gerade Sie werden verstehen, wie wichtig es ist, das Gedankengut des Männerhasses zu verbreiten. Erwerben Sie umgehend zehn Männerhasser-Bücher und verschenken Sie diese in Ihrem Freundeskreis, damit Autoren und Verlag sich mit Ihnen über Ihren schönen Testerfolg freuen können.

Das Abc des Männerhasses

Adam   erster richtiger Mann; von → Eva übers Ohr gehauen

Abenteuer   nervenkitzelndes Erlebnis, in das sich richtige Männer Hals über Kopf stürzen; meist in Zusammenhang mit Geländewagen, alkoholischen Getränken und diversen Zigarettenmarken; → Freiheit

Alkohol   Treibstoff des echten Mannes

Ampel, rote   Platz, an dem sich Männer in Autos mit Vorliebe aufregen

Arbeit   1. für Männer: Lebensinhalt und schwere Bürde
2. für Frauen: lustige Freizeitbeschäftigung, die vor Langeweile schützt

Arm   Sitz männlicher Kraft, meist im → Bizeps

Auto   primäres Lebensziel und Lebensinhalt des Mannes: muß a) neu, b) schnell sein und c) nach was aussehen. Das A. wird von den meisten Männern als Familienmitglied betrachtet (in der Rangordnung oft vor der Frau) und entsprechend behandelt

Baldrian — wundersame Heilwurzel, die Männerhasserinnen und Männerhassern Ruhe bringt, wenn alle richtigen Männer gegangen sind

Bäume — aussterbende Pflanzenart, gegen die Männer mit ihrem → Auto zu fahren pflegen; → Wald

Balkon — liebster Urlaubsort des weltoffenen Mannes

Bar — Refugium richtiger Männer, wo Getränke, Kerzenlicht und Damen gereicht werden

Bart — 1. Männlichkeitssymbol, 2. Kennzeichen der meisten Geschichten, die richtige Männer erzählen

Beckenbauer, Franz	Trainer für Supermänner
Becker, Boris	nicht mehr ganz frischer Tennis-Supermann
Belmondo, Jean-Paul	sympathisch-verknitterter Supermann aus Frankreich
Bett	1. vorgeblich Wirkungsstätte des sexuell aktiven Mannes, 2. tatsächlich der Ort, wo er von seinen vorgeblichen Heldentaten ausruht
Bier	Grundnahrungsmittel des echten Mannes; wird meist kollektiv verzehrt

Blüm, Norbert	Supermann für Arbeitslose
Bocuse	französischer Supermann mit Feinschmekkerfimmel
Bogard, Humphrey	amerikanischer Supermann mit Hang zur Augenoptik (»Ich schau' dir in die Augen, Kleines!«)

Bonanza	1. Westernserie mit vielen richtigen Männern, 2. Namensbestandteil von Lokalen, in die richtige Männer gehen (»Bonanza-Bar«)
Bond, James	Agent und Supermann, der noch ohne Skrupel Erzchauvi und Macho sein darf – im Kino
Bundestag	Parlament der Bundesrepublik Deutschland, das langsam, aber sicher von Frauen und Grünen übernommen wird
Bundeswehr	Schule der Nation für richtige Männer
Busen	sekundäres Geschlechtsmerkmal der Frau, an dem Männer von frühester Kindheit an hängen
Coca Cola	die Milch der reinen Gesinnung, wie Ronald Reagan und einige andere Supermänner sie verstehen

Costeau, Jaques	Supermann mit Drang nach unten
Daisy	zu → Donald gehörige weibliche Comic-Ente mit der Charakterstruktur einer durchschnittlichen Frau
Dallas	1. Ort in den USA (Texas), 2. Fernsehserie, in der nicht nur die Männer völlig von der Rolle sind
Dame	feine, gepflegte Frau, Pendant zu → Herr
Dampf	kondensiertes, tröpfchenförmiges Wasser, das Männer oft ablassen müssen
Daniel	Prophet, aber kein richtiger Mann, da er sich in der Löwengrube nicht mit den Löwen prügelte

DDT	1. Schädlingsbekämpfungsmittel, 2. Aftershave besonders harter Männer
Dean, James	kurzsichtiger amerikanischer Supermann
Detlef	ungünstiger Vorname für richtige Männer
Donald	Comic-Ente mit der Charakterstruktur eines durchschnittlichen Mannes
Doppelkorn	bringt den Mann nach vorn

Drache, Heinz	Supermann im Maßanzug bei der Kripo, Gegenstück zu → Schimanski

Ehe	institutionalisierter Geschlechterkampf
Ei	1. Keimzelle des Huhnes, 2. E, dickes: starkes Stück in der Männersprache
Eierlikör	Kraftelexier des häuslichen Mannes
Eis	gefrorenes Wasser, das Getränke kühlt, damit Männer nicht gleich nach dem ersten Glas durchdrehen
Eisen	hartes Metall, aus dem männliche Muskeln gefertigt sein sollen
Esel	Schimpfwort, oft in Zusammenhang mit Männern
Eva	erste Frau, die den ersten Mann übers Ohr hauen konnte, weil der wohl zu blöde war
feige	Mann, der nicht gegen jeden Verstand alles wagt

Fernsehen	elektronische Realität des Mannes, die ständig von Menschen außerhalb des Bildschirms unterbrochen wird
Fiasko	Normalzustand des Raumes, den eben ein Mann benutzt hat
Film	Zelluloidstreifen mit kleinen Bildchen, der bei richtigen Männern meist gerissen ist

Frau	Lebewesen, bei dem Männer nie begreifen werden, warum es kein Mann ist
Freiheit	Gefühl des Ungebundenseins, das Männer brauchen; meist in Zusammenhang mit → Abenteuer und einer bestimmten Zigarettenmarke (die aber auch Frauen rauchen)
Frust	Normalzustand des Mannes
Furz	hinterlistige Äußerung männlicher Unbekümmertheit

Ganghofer, Ludwig	Supermann mit Jodeltick
geil	Zustand von Männern, die an die Dauerbrunst glauben
Geld	der Stoff, aus dem die Träume (der Männer) sind
Gernhardt, Robert	der Supermann der Satire
Genscher, Heinz-Dietrich	Helmut Kohls Außen-Supermann
Geißler, Heiner	CDU-Sprüche-Supermann
Geschlechterkampf	von der Natur vermutlich so nicht vorgesehene, permanente Auseinandersetzung zwischen den Geschlechtern, die rätselhafter Weise noch nicht zum Aussterben der Menschheit geführt hat
Gold	eben derselbe Stoff → wie Geld, nur anders
Goofy	sympathischer Normalmann im Comic (schon fast ein Softi)
Hammer	1. Schlagwerkzeug, das 2. in der Männersprache als Synonym für eine starke Leistung steht (»Is ja 'n Hammer!«)
Heller, André	begnadeter Kreativ-Supermann mit Hang zum Edelkitsch

Herr	nach Meinung richtiger Männer überkultivierter Mann; aussterbende Gattung
Herz	das Blut transportierendes Kreislauforgan, das dem Mann nicht in die → Hose rutschen darf
Hill, Terence	Supermann mit blauen Augen, der Augen blau macht
Hirn	Denkorgan, das zeitweise stillgelegt werden kann
Hölle	Sauna mit Solarium für Supermänner, die es extra hart mögen
Holz	der Stoff, aus dem die Bretter sind
Hose	Beinkleid, das der Mann meist anzuhaben glaubt
Jahn, Turnvater	Fachmann für die Herstellung richtiger Männer

Jesus	Softi und Religionsbegründer
Junge	männliches → Kind mit den besten Anlagen zum Mann
J. R. Ewing	Supermann in Öl
Kater	1. männliche Katze, 2. Folge von kollektivem Sturztrunk
Keil	1. spitziges Instrument zum Spalten von Werkstoffen, das 2. in einem Sinnspruch eine große Rolle spielt (»Auf einen groben → Klotz gehört ein grober K.«)
Kerl	besonders übertriebene Ausprägung eines Mannes
Keule	Lieblingsspielzeug richtiger Männer in der Steinzeit
Kind	kleiner, larvenhafter Mensch, bei dem noch nicht feststeht, ob ein richtiger Mann aus ihm wird
Klotz	Teil eines wichtigen Sinnspruchs im Umgang mit Männern; s. → Keil
Köpcke, Karl-Heinz	Supermann für Informierte
Kohl, Helmut	der Supermann der Politik
Krüger, Mike	Fachmann für Superflachwitze
Lamborghini	italienische Sportwagenmarke, von der richtige Männer träumen

Lametta	1. Schmuck des Weihnachtsbaumes, 2. beliebter Zierrat männlicher Männer
Laster	1. Kurzwort für Lastkraftwagen, 2. lustvolles Erleben, dem Männer verfallen
Lasterhöhle	1. Großraumgarage für Lastkraftwagen (?), 2. Ort, an dem man(n) dem Laster verfallen kann (Anschriften auf Wunsch beim Verlag)
Lego	Baukasten aus Plastik, mit dem sich Kinder beschäftigen, bis sie a) entweder Frauen oder b) richtige Männer werden
Leo	1. Männername, 2. lat. Löwe, 3. Synonym für »der letzte Hänger« o. ä. in der Männersprache (»Ja, bin ich denn der Leo«), 4. Panzer; Lieblingsspielzeug richtiger Männer heute
Liebe	unglaubliches Gefühl, das sich zwischen Männern und Frauen trotz des gegenseitigen Hasses immer wieder einstellen soll
Lindenberg, Udo	altdeutscher Rock-Supermann mit Hang zu Ostblockreisen
Loriot	Satire-Supermann
Lotto	staatlich organisiertes Glücksspiel, bei dem richtige Männer zu richtig reichen Männern zu werden hoffen
Lust	1. Zustand der freudvollen Motiviertheit, der bei richtigen Männern in bezug auf z. b. Küchenarbeit nicht eintritt, 2. männlich-rauschhaftes Genießen von Liebe und Trieb
Macho	der Vollmann des italo-iberischen Kulturkreises

Maffay, Peter	Alt-Supermann der Rockmusik; s. a. Lindenberg

Mehrbold, Ralf	deutscher Supermann im All
Mercedes	1. weiblicher Vorname, in Vergessenheit geraten, 2. Automarke, an die Männer ständig denken
Messner, Reinhold	Supermann mit Drang nach oben
Milch	1. nährstoffhaltiges Getränk der Milchkuh, das zwar müde Männer munter machen soll, aber meist von ihnen gemieden wird
Muskel	Bewegungsorgan des menschlichen Körpers, beim Manne meist besonders geschwollen oder völlig abgeschlafft

Mutter	die einzige Frau, auf die richtige Männer gelegentlich hören
Nabel	Geburtsmal des Menschen, das Männer darauf hinweist, daß sie ohne Frauen nicht auskommen können

Nähmaschine	für Männer eines der wenigen, völlig rätselhaften technischen Geräte
Nashorn	Tier, das es wie die Männer macht: immer mit dem Kopf durch die Wand
Nein!	abschlägiger Bescheid, den Männer bei Frauen mit »Ja!« übersetzen
nichts	Antwort im Geschlechterkampf (»Was hast du denn?« – »Aaach, nichts!«)
Nordpol	oberer Punkt der Erdkugel, zu dem es echte Männer mit rätselhafter Anziehungskraft zieht; klimatisch in etwa einer Tiefkühltruhe vergleichbar, die aber keineswegs über ähnlich magnetische Kräfte auf Männer verfügt.

Nymphomanin	Frau, die unverständlicherweise ganz wild auf Männer ist
Opa	Mann, der aus dem gröbsten raus ist
Ordnung	männliche Form des Chaos; s. a. → Zucht
Ozelot	1. Raubkatze, die 2. zu einem Pelzmantel verarbeitet als a) Werbegeschenk oder b) Friedensangebot eines Mannes an eine Frau dient
Panther	1.Raubkatze, die von Männern als 2. Aufkleber auf heißen Öfen verwendet wird
Penis	hervorstechendes Merkmal männlicher Sexualität

Pershing II — die → Keule für moderne Supermänner

Putz — vom Maurer aufgetragene Wandverkleidung, auf die Männer gerne hauen

Rambo — amerikanischer Supermann, den alle anderen amerikanischen Supermänner besonders toll finden

Rau, Johannes — die Antwort der SPD auf den CDU-Supermann; z. Z. in NRW Super-Landesvater

Reich-Ranicki — Literatur-Supermann

Rindvieh — 1. domestiziertes Wildrind, 2. leichtgläubiger Mensch, meist Frau, die den Sprüchen eines Mannes glaubt

Rolex — die einzig richtige Uhrenmarke für richtige Männer, weil sie so schön glitzert

Rollmops — aufgerollter Hering, männliches Hausmittel gegen → Kater

Rose — pflanzliches Werbegeschenk

Rosenthal, Heinz — Supermann für Rätselrater

Rost — schlimmster Feind des → Auto

Samba	der Breakdance südamerikanischer Machos
Säge	1. Werkzeug, 2. Synonym für störende Einflüsse (Nerven-S.)
Sandpapier	wichtigste Waffe im Kampf gegen den → Rost
Satan	Supermann in der → Hölle
Scheiße	1. umgangssprachlich für Exkremente, 2. alles, was schlecht ist (in der Männersprache)
Schimanski	Supermann im Gammellook bei der Kripo
Schlappner, Klaus	Supermann mit Schlapphut und dem wenig schmeichelhaften Beinamen »Schlappi«
Schlips	sekundäres männliches Geschlechtsmerkmal früherer Tage, aber wieder im Kommen
Schwarzer, Alice	der Horror aller Talk-Shows mit Supermännern
Schwert	Lieblingsspielzeug richtiger Männer im Mittelalter
Senf	Gewürz, das echte Männer überall dazugeben müssen; meist sehr scharf
Sex	Geschlechterkampf[2]
Siebeck, Wolfram	deutscher Supermann mit Feinschmeckerfimmel
Sieger	Gewinner, der Beste; alle richtigen Männer sind S.
Soldat	Mann in Uniform
Spencer, Bud	Supermann mit Superhammer, der erst zuhaut und dann auch nicht mehr fragt
Steinzeit	Männerparadies
Streit	Gespräch zwischen Männern und Frauen
Suff	übermäßiger Genuß alkoholischer Getränke, der zu gesteigerter Supermännlichkeit führt

Superman	Micky Maus für Supermänner
Tango	Klammerblues südamerikanischer Machos

Tasse	Trinkgefäß, dessen Mehrzahl manchmal jemanden fehlt; s. Geschlechterkampf (»Du hast wohl nicht mehr alle Tassen im Schrank!«)
Tarzan	Supermann im Urwald, Herr der Affen
Teddy	Kuscheltier, das manchmal Ähnlichkeit mit Männern hat, was richtige Männer aber immer abstreiten würden
Theo	Supermann aus dem Ruhrgebiet, der es mit dem Rest der Welt aufnimmt
Theorie	gedanklicher Hintergrund, meist grau (»eheliche Treue... das ist doch alles graue Theorie!«)
Terz	1. Tonintervall, 2. im Geschlechterkampf Unruhe, Hektik (»Jetzt mach kein Terz, Alte!«)
Tier	in der Männersprache Synonym für ungebremstes, triebhaftes Verhalten; Drohung (»Noch ein Wort, und ich werd' zum Tier!«)

Tierschutzverein	gemeinnütziger Verein, der Tiere vor Männern zu schützen versucht, die zum Tier werden
Tiger	1. Raubtier, das 2. zeitweilig in den Tank gepackt wurde, 3. Kosewort für echte Männer (»Ach, du mein Tiger!«)

Torero	Supermann, der unter dem Zwang leidet, Stiere pieksen zu müssen

Torte	1. runde Süßspeise, als fliegender Gag im ZDF-Vorabendprogramm beliebt, 2. in der Männersprache: völlig behämmerte Frau
Trinkspruch	Aufforderung zur gemeinsamen Alkoholvergiftung
Tussie	→ Torte
UdSSR	Supermacht
Uhse, Beate	Lieferantin von Lust für Männer per Katolog
Unzucht	unfreundlicher Begriff von Saubermännern für das Treiben von Supermännern
Uozo	Getränk griechischer Supermänner
Ur	altes Rind, hinter dem Männer mit Keulen usw. herzurennen pflegten
USA	noch eine Supermacht
Vase	Wurfgeschoß im Geschlechterkampf
Veilchen	1. blaues Blümchen, 2. Folge einer Diskussion unter Männern
Victory	Lieblingsruf englischer Supermänner
Wald	1. Lebensgemeinschaft der aussterbenden Pflanzenart der → Bäume, 2. in der Männersprache: Ort, an dem jemand steht, der etwas nicht glauben mag (»Ich glaub', ich steh' im W.«)
Wasser	Flüssigkeit, die richtige Männer meiden
Wein	Frostschutzmittel; s. → Auto
Whisky	rauchzarter Trunk markiger Männer
wild	psychische Befindlichkeit im Geschlechterkampf (»Noch ein Wort, und ich werd' wild!«)
Wild	freilebende Tiere, auf die richtige Männer immer schießen müssen

Wokda	dasselbe wie Whisky, aber kommunistisch
Wussow, Klaus Jürgen	als Professor Brinkmann Facharzt für Einschaltquoten
Wotan	germanischer Supermann

Wut	Grundgefühl im → Geschlechterkampf; s. a. wild
Xantippe	frühe Männerhasserin der griechischen Antike
Zärtlichkeit	feinsinniges Gefühl, das Frauen gelegentlich vermissen sollen
Zahn	1. Beißinstrument, das als 2. Z. der Zeit an jedem echten Manne nagt, was ihn stört
Zahnbürste	Reinigungsgerät, das Männer im Reisegepäck zu vergessen pflegen
Zank	Interaktion im Geschlechterkampf; → Streit
Zeche	1. Bergwerk, nach dessen Verlassen richtige Männer in der Kneipe eine neue 2. Z. machen
Zelle	engerer Raum für Männer, die im Geschlechterkampf → wild geworden sind; meist aus Gummi
Zimmermann, Friedrich	Supermann mit Big-Brother-Ambitionen
Zorn, gerechter	Grundgefühl vieler Männerhasser; s. a. Geschlechterkampf; → Wut; → wild
Zorro	Supermann mit Mantel und Degen
Zumba	Männersprache: Kraft (neudtsch.: Power)

Zucht	1. gewerbsmäßige Tierproduktion, 2. im Zusammenhang mit → Ordnung das wichtigste überhaupt, wenn man manchen Supermännern glauben soll
Zwerg	kleiner Supermann mit Pfeife oder Schubkarre, den große Supermänner in ihrem Supergarten aufstellen